独裁者プーチンと習近平は何を考えているのか

「悪の枢軸」ロシア・中国の正体

RUSSIA CHINA

斎藤勉 Saito Tsutomu
石平 Seki Hei

PHP

まえがき

ロシアのプーチン大統領と中国の習近平国家主席がお揃いの青いエプロンをかけ、ブリヌイ（ロシア語でパンケーキ）を一緒に作り、共に食すという、何とも薄気味悪い映像が世界に流れたことがあります。２０１８年9月11日、ロシア極東のウラジオストクで開催された「東方経済フォーラム」のイベントでの一幕です。習氏は「両国の友情は絶えず深まっている」などとご満悦でした。ところが翌12日、フォーラム本会議で参加国の首脳が壇上に居並ぶ中、プーチン氏はやにわに、当時の安倍晋三首相（22年7月8日、凶弾に斃(たお)れ死去）にこう提案したのです。

「われわれは70年にわたって交渉してきた。安倍首相はアプローチを変えようと提案した。私の考えはこうだ。日露平和条約を、今ではないが、今年が終わる前に、前提条件を付けずに締結しよう。これはいま思いついたことだが、ジョークではない」

　同じ国際会議の場で、ホストのプーチン氏は習氏とのまさに「蜜月」ぶりを意図的に演出する一方で、日本には国家主権にかかわる長年の懸案を茶化すように、「思いつき」だと口走り、領土問題という「前提」は棚上げして平和条約を結ぼうと嘯(うそぶ)いたのです。プーチン氏の日本愚弄ぶりの本音を露わにした、無礼きわまりない発言でした。

あれから4年余。プーチン氏は国際法違反のウクライナ侵略を続け、核使用もちらつかせて底なしの凶暴性を剝き出しにし、習氏は第20回共産党大会で「68歳定年」の慣例を破って3期目に突入、「台湾統一は必ず実現できる」と強烈な野心を示しています。これに核・ミサイルを玩具のように弄ぶ北朝鮮の金正恩氏を加え、日本は悪党三兄弟とも呼ぶべき中ロ朝という「人類史上最凶の人災」と正面から対峙しているのです。

当代随一の中国評論家である石平先生からこの対談のお話をいただいた時、「私では力不足」とお伝えしたものの、最後には自分の頭の中を整理する意味でもと、謹んでお受けいたしました。この本が日本の未来に厚い暗雲を投げかけているプーチン氏と習近平氏の本性を見極める上で、読者の皆様に少しでもお役に立てれば幸いです。

出版に当たり、PHP研究所の皆様に企画から対談のセット、原稿の編集、校正など詳細に至るまで大変お世話になりました。この場をお借りして心より御礼申し上げたいと思います。

令和4年11月

産経新聞論説委員　斎藤　勉

「悪の枢軸」ロシア・中国の正体

目次

第1章 スターリンになりたいプーチン 斎藤 勉

第2章　毛沢東になりたい習近平

石 平

第3章 野合と対立の中ロ関係史

斎藤 勉／石 平

第4章 ウクライナ戦争と日本の危機

斎藤 勉／石 平

第5章 プーチンと習近平の末路

斎藤 勉/石 平

＊原則として、本文中の敬称は省略しました。

第1章 スターリンになりたいプーチン

斎藤 勉

二つの帝国の崩壊を経験

「ソ連崩壊は20世紀最大の地政学的大惨事」

ロシアのウラジーミル・プーチン大統領がよく口にする言葉です。それほどソ連の崩壊は彼にとって耐えがたい出来事でした。そのプーチンが２０２２年2月24日、ウクライナ侵略という暴挙に出ました。

「21世紀最大の地政学的秩序の大破壊」

私に言わせれば、プーチンはその当事者となったのです。

この間にプーチンに何が起こったのでしょうか。そもそもプーチンとは、何者なのでしょうか。この章では、いろいろな視点からプーチン像に迫りたいと思います。まずはソ連崩壊前後からロシア大統領に就任するまでのプーチンの経歴を簡単に見ておきましょう。

彼が帝国の崩壊を経験したのは、ソ連が初めてではありませんでした。

よく知られているように、プーチンはＫＧＢ（ソ連国家保安委員会）出身です。１９８5年から90年までの5年間、スパイとして東ドイツのドレスデンに滞在していました。東ドイツというのは、東ヨーロッパの優等生といわれ、東欧の社会主義国のなかで最も経済的に成功しており、またシュタージという名うての秘密警察が国民の監視を徹底している非常に堅牢な社会主義国家でした。

プーチンは主にNATO（北大西洋条約機構）関係の情報を収集していました。シュタージとの緊密な協力関係を築き、諜報活動を通じて東ドイツと祖国ソ連に寄与していると自負していました。ところが、85年にミハイル・ゴルバチョフがソ連共産党の書記長に就任し、ペレストロイカ（再建）とグラスノスチ（情報公開）によってソ連圏の政治に自由の息吹を吹き込むと、衛星国だった東欧諸国の社会主義体制がバタバタと倒され（東欧革命）、89年11月にはベルリンの壁が崩壊します。

さらに90年10月3日には、あろうことか東ドイツが西ドイツに吸収される形で東西ドイツは統一します。プーチンが信頼してきた東ドイツという帝国は崩壊し、消滅したのです。

ベルリンの壁崩壊時のプーチンのエピソードがあります。東ドイツではベルリンの壁崩壊と同時に社会主義統一党の独裁体制も崩壊し、軍や警察は機能を停止します。それまで国民を抑圧してきた秘密警察シュタージの支部は、群衆の襲撃を受け始めます。シュタージのドレスデン支部にも暴徒が雪崩れ込んできて、その波はそばにあったKGBのオフィスにも及びました。

そのときプーチンはオフィスを出て群集の前に立ちはだかり、見事なドイツ語で、「ここはソ連の領土だ。おまえたちが立ち去らないなら、ソ連軍を呼ぶぞ」と一喝して、群衆を蹴散らしたといいます。プーチンとはそういう男です。

チェチェン紛争を仕掛けて支持を獲得

1990年、帰国したプーチンはレニングラード大学の恩師だったソプチャクというレニングラード市長に引き立てられて彼のもとで働き、のちには副市長に就任します。91年8月にはソ連共産党の守旧派がクーデターを起こしますが失敗、ソ連は崩壊に向かいます。このクーデターの最中にプーチンは正式にKGBを辞職しています。91年12月、プーチンは2度目の帝国の崩壊を経験しました。

ソ連が崩壊すると、レニングラードはサンクトペテルブルクと改称します。サンクトペテルブルクの副市長として政治に携わるとともに、プーチンはビジネスにも手を出していました。

ソ連崩壊後、国営企業が次々に民営化されました。民営化というと聞こえはいいですが、KGBや軍にいて、国家の機構を裏からよく知っている連中が、国営企業を乗っ取って金儲けを始めたというのが実態です。どうもプーチンは、石油や木材の輸出ライセンスの許認可業務をしていて、そういう連中と当時から関係があったようです。

KGB出身だけあって、政治家の操り方も情報の取り方も知っている。議員の弱みを握るのも、闇工作もお手のもの。治安関係でもビジネスでも、なかなかのやり手がソプチャクの下にいるというので、モスクワでもプーチンの存在が知られるようになります。

96年、プーチンはロシア大統領府に引き抜かれ、大統領府副長官を経て98年にはKGBの後身であるロシア連邦保安庁（FSB）の長官に就任します。

FSBの長官時代、エリツィン大統領のマネーロンダリング疑惑を捜査していた検事総長を女性スキャンダルで失脚させ、エリツィンの追い落とし計画を未然に防ぎます。これでエリツィンの信頼を得たプーチンは、1999年8月、首相に任命されます。

首相になったプーチンが何をやったかというと、いまではよく知られていますが、99年8月末から9月にかけて、モスクワやヴォルゴドンスクなどで4カ所のアパートを爆破したとみられているのです。この事件で、およそ300人が死亡しました。プーチンはこのアパート連続爆破事件をチェチェン独立派武装勢力のテロと断定し、チェチェンへの侵攻を開始しました。第二次チェチェン紛争です。

チェチェンはロシア南西部にあるイスラム国です。ロシア連邦からの独立を目指すチェチェンに、1994年、エリツィンが独立を阻止するためにロシア軍を投入して始まったのが第一次チェチェン紛争です。この紛争は96年に停戦合意が成立し、97年にロシア軍はチェチェンから撤退していましたが、独立派武装勢力の活動は続いていました。

ソ連は崩壊したが、ロシア崩壊はあってはならない、ロシア連邦から独立国は絶対に出さないというのが、プーチンの鉄則です。そこでチェチェン独立派を潰すためにプーチンがとったとされるのが、アパート連続爆破という残忍な手段でした。実行したのはプーチンが半年前まで長官を務めていたFSBと見られています。

プーチンはアパート連続爆破事件をチェチェンのテロリストの仕業だと断定し、それを喧伝しました。

「テロリストはどこまでも追い詰める。便所にいてもぶち殺す」

会見でそう言い放ったこともあります。

99年9月、プーチンはロシア軍の投入を決定、チェチェンの主要都市への無差別攻撃、ミサイル攻撃を開始します。ロシア国民は沸き立ちます。「テロリストとの戦争」に辣腕を振るう「強い指導者」としてプーチンは英雄となり、人気は不動のものとなりました。

99年12月31日、エリツィン大統領は辞意を表明し、後継の大統領としてプーチン首相を指名しました。

2000年3月の大統領選ではプーチンが1回目の投票で過半数を獲得し、決選投票を行なうことなく当選が決定、5月にロシア連邦第2代大統領に就任しました。

プーチン政権の歴史は戦争の歴史

プーチンが軍と情報機関を使って最初に起こしたのが、第二次チェチェン紛争でした。それによって権力を握ったものだから、これでやっていけると思ったのでしょう。プーチン政権の歴史は戦争の歴史です。

第二次チェチェン紛争は、1999年から2009年まで、10年間続きます。その間の2008年8月には、ジョージア（グルジア）への侵攻がありました。メドベージェフ政権のときですが、実質はプーチン時代といって差し支えありません。

ジョージアもソ連から独立した国です。ジョージアと南オセチア地区の親ロ派勢力の内紛にロシア軍が介入し、ジョージア軍を圧倒しました。南オセチアなどロシア軍が占領した地域は独立を宣言し、ロシア軍の駐留を認めました。いずれ南オセチアは「住民投票」を行ない、「民意」に従ってロシアに編入される可能性もあります。

２０１４年３月にはウクライナのクリミア半島を併合すると、続いてウクライナ東部のドネツク州とルガンスク州、いわゆるドンバス地方で戦争を仕掛け、その終結を見ないまま22年2月24日にはウクライナ侵攻を開始しました。

２０１５年からはシリア内戦に介入してアサド政権を支援、反体制派の支配地域を無差別爆撃して多くの民間人を殺害しています。

政権の外に敵をつくって、国民の意識を集中させる。その敵に打ち勝って、国民の支持を得る。国民の支持を背景に、権力と権威を拡大する。これがプーチンのやり方です。

彼は軍と情報機関に頼ってきた人間です。だからプーチンが権力を望んだとき、チェチェン紛争は、必然的に起こったものだと私は思っています。そしていまに至るまで、軍と情報機関に頼って、プーチンは権力の波に乗り続けているのです。

このように、プーチンは2度の帝国の崩壊を経験しました。人生を捧げてきた東ドイツとソ連が崩壊したことが悔しくてたまらなかった。アメリカをはじめとする西側諸国への凄まじい復讐心を抱いたはずです。プーチンが大統領就任後、繰り返し口にしている「ソ連崩壊は20世紀最大の地政学的大惨事」という言葉には、そのような思いが込められているのだと思います。

そしていま、22年間の独裁体制がつくり上げた歪んだ皇帝が、西側への復讐を果たし、かつての大国の栄光を取り戻す妄念に憑かれて、ウクライナに侵攻したのだと思います。ロシアに攻撃されたウクライナの荒涼たる風景は、西側への凄まじい復讐心にとらわれたプーチンの心象風景なのです。

こうして、「20世紀最大の地政学的大惨事」は、歪んだ皇帝プーチンによって「21世紀最大の地政学的秩序の大破壊」をもたらしたのです。

1人の死は悲劇、数百万人の死は統計上の数字

次にプーチンが尊敬する先人たちから、プーチンの人物像に迫ってみましょう。

まず、最初に挙げるべきはスターリンでしょう。領土を拡大し、独ソ戦を勝利に導き、ソ連をアメリカと並ぶ超大国に押し上げた「強い指導者」は、いまもロシア人に最も人気のあるロシア人です。プーチンもスターリンを崇拝しています。

これは中国にもあてはまることですが、ロシアでは独裁者でなければ国民に支持されません。しかも、たくさん人を殺した指導者ほど尊敬されています。

そのスターリンが独裁政治の「師」と仰いだのが、リューリック朝末期の16世紀に強大な権力を振るい、「ロシア史上、最凶の絶対君主」とされるモスクワ大公イワン４世（雷

帝）です。

ロシアで最も美しい聖堂といわれる聖ワシリー寺院を建立したイワン雷帝は、これ以上美しい建物をつくらせないために、2人の設計者の目を潰したと伝えられています。作り話ともいわれていますが、そういう伝説が残るほど、残酷なツァーリ（皇帝）だったということでしょう。ちなみに聖ワシリー寺院は、中央の主聖堂をネギ坊主のようなドームを戴く八つの小聖堂が取り囲むカラフルな大聖堂で、いまもモスクワの赤の広場に立っています。

聖ワシリー寺院

このイワン雷帝は、じつに多くの人を殺しています。意味もなく人を殺すという点で、プーチンに近いように思います。スターリンは、表向きはイデオロギーを掲げて人を殺しています。

そのスターリンは、「1人の死は悲劇だが、数百万人の死は統計上の数字にすぎない」と言ったとされています。実際にそう言ったかどうかはさておき、大粛清を実行した独裁者の心情を的確に表現した言葉であるのは確かだと思います。

スターリンは毎夜毎夜、キンズマラウリという血のように赤く砂糖のように甘い、故郷ジョージアのワインを飲みながら、明日殺す「人民の敵」のリストを作っていました。１日で３０００人以上の銃殺を裁可したこともあったといいます。「はい、これが明日のぶん」、「はい閣下、承りました」とリストが渡され、翌日、ダダダダッと片っ端から銃殺します。それが連日繰り返されました。

このときスターリンは毎夜毎夜、自らがもたらす大量の死を「悲劇」と捉えてはいなかったはずです。「明日はこの３０００人」という「データ」を毎夜、担当者に渡している感覚だったのではないでしょうか。スターリンにとって、そのような膨大な死はまさに「統計上の数字」にすぎなかったのです。

そして、「１人の死は悲劇だが、数百万人の死は統計上の数字にすぎない」を、最初に地で行ったのが、スターリンが師と仰ぐイワン雷帝でした。

イワン雷帝はその治世でスターリン同様、領土を拡大しました。雷帝は自分の息子を口論のすえ殴り殺し、スターリンは独ソ戦で捕虜となった長男を見殺しにしています。雷帝の妻は貴族との闘争の渦中で毒殺され、スターリンの妻は拳銃自殺しました。公的にも私的にも、性格上も、多くの共通点を持つ２人の独裁者ですが、「流血」の規模では、「師」

《イワン雷帝と息子のイワン》イリヤ・レーピン 1885年 トレチャコフ美術館(ロシア)

とは比較にならないほどスターリンが上回っていました。

それにもかかわらず、いまだにスターリンが尊敬されているのは、電子機器が発達していなかったために、その悪行が可視化されていないからです。現在は、ウクライナで行なっているプーチンの悪行が、動画、映像として瞬時に世界中に拡散しています。ところがスターリンの時代には、毛沢東の時代も同じなのですが、写真は残っていても、動画としてはあまり残っていません。スターリンや毛沢東の悪行を国民は目で見ていないのです。

スターリンの時代には、独ソ戦で軍民あわせて2700万のロシア人が死んでいますが、遺族にとっては悲しいことではあっても、「お国のために死んだ」ことと、結果的に「勝った」ことによって、納得することはできました。

しかし、今回の「特別軍事作戦」の実態をいつまでも国民の目から隠し続けられるものでしょうか。ウクライナへの侵略戦争で死んだロシア兵の遺族は、果たして納得できるのでしょうか。崇拝するスターリンのように、プーチンはこれからも国民の支持を得られ続けるのでしょうか。私は難しいと思います。

侵略に都合のいい「ルースキー・ミール」の国家観

スターリンは独ソ戦に際して、ロシア正教を巧みに利用しました。「宗教は民衆のアヘン」というマルクスの言葉に従って、スターリンは苛烈な宗教弾圧を断行し、1917年の革命前にはロシア全土に約4万あった教会のほぼすべてを独ソ開戦までに破壊あるいは閉鎖していました。

ところが1941年6月、独ソ戦が始まると、スターリンは手のひらを返したように、ロシア正教を復活させます。収監されていた聖職者を次々に解放し、約2万の教会、修道院を復活させました。ロシア正教会の総主教制も復活させます。スターリン自身が教会で祈りを捧げています。

こうした宗教の復活は国民に愛国心と団結心を蘇らせ、「母なる祖国のための戦争」へ駆り立てます。外国からの軍事援助にも、宗教の復活は不可欠でした。

２７００万人もの犠牲者を出しながらも、ソ連が独ソ戦を戦い抜き勝利できた背景には、スターリンによるこうした宗教の利用があったのです。

尊敬するスターリンに倣って、プーチンも、ウクライナ侵略を正当化するためにロシア正教を利用しています。ロシア正教会には、「ルースキー・ミール（ロシアの世界）」という概念があります。ごく簡単にいえば、「ロシア語を話し、正教を信仰する人々は一つ屋根の下に住まなくてはならない」という考え方です。

これはプーチンの哲学でもあります。プーチンはルースキー・ミールという国家観の守護者を自任しているのです。

ルースキー・ミールというのは、旧ソ連あるいは帝政ロシア時代の領土を奪還するには、非常に都合のいい考え方です。実際、プーチンはこのルースキー・ミールの世界観をウクライナ侵攻の理由としています。ウクライナ人もロシア人も一つ屋根の下に住まなければいけない、ウクライナとロシアは一体でなければいけないというのです。

もちろん、そんなのは大嘘です。そんな勝手な思い込みが他国侵略の理由になるわけはありません。しかしプーチンは、ルースキー・ミールの世界観をウクライナ侵攻の理由として、ロシア国民に説明しています。

また、この世界観はウクライナの人々とも共有できると思っていたのではないでしょうか。だから当初、侵攻したロシア軍はウクライナ人に歓迎される、ロシアは4日で勝てると思っていたのです。

ロシア正教会トップの驚くべき正体

2014年というのはウクライナ・ロシア関係にとって、非常に重要な年となりました。まず2月にマイダン革命によってウクライナの親ロ派政権が崩壊、ヤヌコビッチ大統領はロシアに亡命します。3月にロシアがクリミア半島を併合すると、直後にはウクライナ東部でドンバス戦争を仕掛けます。

こうした一連の出来事によって、ウクライナ人の頭の中は完全に〝西向き〟になり、精神的な〝ロシア離れ〟が進みます（ソ連崩壊後のウクライナの政治動向およびウクライナの人々の対ロ感情については、第4章で改めて論じます）。

宗教においてもロシア離れが起こります。ウクライナ正教会は1686年からロシア正教会モスクワ総主教庁の管轄下にあったのですが、2018年にロシア正教会からの独立を宣言します。翌19年には正教会の総本山ともいえるコンスタンチノープル総主教庁より、ウクライナ正教会は独立正教会の地位を認められます。

330年にわたって続いたロシア正教との従属関係を断ち切り、ウクライナ正教会は独立を果たしたのです。これに反発したロシア正教会モスクワ総主教庁は、コンスタンチノープル総主教庁との関係を断絶しました。

ロシア正教会トップのキリル総主教

そのロシア正教会の現在のトップはキリル総主教です。日本大学教授の松本佐保氏は2022年7月5日付産経新聞の「正論」欄で、このキリル総主教の驚くべき正体について論じておられます。

「1964年以降のブレジネフ期にはロシア正教会の組織を国家体制の中に組み込む機構が徐々に整備され、KGB（国家保安委員会）の第4部宗教セクターにロシア正教会の成員の一部が組み込まれた。キリル総主教はまさにそうした中、72年に神学校の学生のときにＫＧＢ工作員としてリクルートされた。77年に聖職者となり、79年にロシア正教会の外交官としてジュネーブに派遣され、世界教会協議会（中略）との宗教外交リエゾン（仲介）役を担うと同時に工作員として活動した」（松本佐保「ロシア正教会キリル総主教の正体」）

ロシア正教会のトップが元ＫＧＢの工作員だったというのです。キリル総主教は１９８９年にロシアに帰国、２００９年にモスクワ総主教に就任しています。12年にプーチンが大統領に再就任しようとすると、ロシア国内で反プーチンのデモが巻き起こります。松本氏によれば、国民の反発を懐柔するために、プーチンは以前から近い関係にあったロシア正教により接近したといいます。

「キリル総主教は12年の大統領選挙に、プーチン氏応援演説のために駆け付けている。これ以降の両者の親密な関係は、翌13年に同性愛宣伝禁止法の成立や中絶への制約の動きにも見ることができる。ロシア正教会の保守派が強く望む政策だからだ。キリル総主教は、女性の中絶権や性的少数者のＬＧＢＴの権利を認める欧米的規範を『悪魔』と呼び、それにウクライナが汚染されないように守る防衛戦争なのだと主張している」（松本氏前掲論文）

そのキリル総主教は今回のウクライナ侵攻を「内戦」と表現しています。

要するにプーチンとキリル総主教の価値観は、完全に一致しています。２人を結びつけているのは、ルースキー・ミールの国家観・宗教観です。ルースキー・ミールが理想とする世界をプーチンは政治的・軍事的に、キリル総主教は宗教的に実現しようとしているのです。あるいは「元ＫＧＢの工作員」という経歴も、両者の接近に一役買っているのかもしれません。

キリル総主教はロシア軍によるウクライナ侵攻が始まると、「特別軍事作戦」を「高らかに祝福」しています。キリル総主教からすれば、今回のロシアによるウクライナ侵攻は、ロシア正教会から独立したウクライナ正教会を罰するという意味でも、欧米的規範という「悪魔」からウクライナの「ロシア正教」的規範を守るという意味でも、宗教戦争なのだと思います。

「三つの嘘」を信じるロシアの志願兵たち

繰り返しますが、「ロシア語を話し、正教を信仰する人々は一つ国に住むべきだ」というルースキー・ミールは、ただの物語です。要するに嘘です。「ネオナチがロシア人同胞を迫害している」という嘘、「ウクライナがＮＡＴＯに加盟すれば、ロシアの安全が脅かされる」という嘘と合わせて、私は「三つの嘘」と呼んでいます。

ちなみに「ウクライナがNATOに加盟すれば、ロシアの安全が脅かされる」というのがなぜ嘘かといえば、NATO加盟の最低条件が、「国内に領土問題を抱えていない」ことと「戦争状態にない」ことだからです。

２０１４年、ロシアはクリミアを併合して領土問題をつくりだし、直後にウクライナ東部のドネツク州とルハンスク州でウクライナからの分離派勢力を支援する形で戦争（ドンバス戦争）を起こして、延々と交戦状態を維持しています。つまりプーチンは14年の時点で、ウクライナのNATO加盟に必要な条件を潰していたのです。いまさら「ウクライナがNATOに加盟すれば云々」は、ロシアが侵攻する理由になりえないのです。

しかし、ロシア国民の大多数はこれらの嘘を信じています。しかも、いまウクライナで戦っているロシアの志願兵のほとんどは地方出身者です。モスクワやサンクトペテルブルクといった都会の人たちと違って、田舎の若者たちの多くはプーチンの嘘に耐性がありません。そういう若者を平均より高額の報酬で釣って志願させ、嘘を吹き込んで、戦場に送っているのです。

ウクライナに侵攻したロシア軍の兵士が、現地の住人に「ナチはどこにいるんですか」と質問したという話が伝わっていますが、その兵士は「ネオナチがウクライナのロシア人を迫害している」という嘘を、本気で信じていたのです。

また、侵攻したロシアの若い兵士が、「ウクライナの田舎道が舗装されていることに驚いた」という報道もありました。モスクワ周辺では道路の舗装もかなり進んでいますが、ロシアの田舎では、ドロドロにぬかるんだ道がごく普通です。それがウクライナでは、「こんな田舎道まで舗装されているんだ」と驚いたというのです。

田舎の純朴な若者がウクライナの戦場に送り込まれていることが、こうした報道からもわかります。彼らの多くは、プーチンの嘘を信じていると思います。

宗教を利用した戦争準備は始まっていた

2016年11月、プーチンやキリル総主教が出席して、クレムリンのそばに立つ高さ17メートルの巨大な「ウラジーミル大公像」の除幕式が行なわれました。これもプーチンの宗教利用の一環だと私は考えています。

ロシア人が最初に建てた国は「キエフ・ルーシ」（キエフ大公国）といわれています。「ルーシ」とは「ロシア人」という意味です。キエフ・ルーシは9世紀末に、現在のウクライナの首都キーウ（キエフ）を中心とする地域に形成された国家です。現在の東スラブ人の国家すなわちウクライナ、ベラルーシ、ロシアの歴史は、このキエフ・ルーシから始まるといわれています。

キエフ・ルーシの大公、ウラジーミル1世（在位980年頃～1015年）は988年、洗礼を受けてキリスト教（正教）に改宗するとともに、キリスト教をキエフ・ルーシの国教とします。これが東方教会のもとになります。

ウラジーミル大公こそ、「ルーシの洗礼」（ロシアによるキリスト教の受容）によって、ロシアをキリスト教国に導いた偉大な指導者にして聖人です。そしてプーチンが尊敬する先人の1人でもあります。

この大公像の設置が決定したのは、クリミアを併合してロシア国内でプーチンが英雄となった2014年でした。それだけに大公像の設置には、プーチンの思惑がいろいろと取り沙汰されたようです。

「ウラジーミル大公像は、現在のウラジーミルをイメージさせる」という批判もありました。ウラジーミル・プーチンは、自分をウラジーミル大公と並ぶ英雄に見せたいのかもしれません。

私は、今回のウクライナ侵攻の準備という意味合いもあったのではないかと思っています。先述のように、スターリンはロシア正教を復活し、尊敬して見せることで、国民の愛国心と団結心を蘇らせ、独ソ戦を勝利に導きました。プーチンも自分がいかにもロシア正教を尊敬する指導者であると見せることで、次の戦争に備えようとしたのではないでしょうか。

ウラジーミル大公が「ルースキー・ミール（ロシアの世界）」という物語に欠かせない重要人物であることは確かだと思います。

プーチンが宗教を戦争に利用しようとしている例はまだあります。

2020年6月、キリル総主教やショイグ国防相らが参加して、ロシア正教会の「ロシア軍主聖堂」の除幕式がモスクワ郊外で行なわれました。ロシア軍主聖堂は、これまでの祖国防衛戦争の偉業を称える宗教施設です。

この聖堂内には陸軍や海軍、航空宇宙軍などの守護聖人のイコン（聖像画）も描かれていますが、特筆すべきは、スターリンとプーチンとショイグのモザイク画も展示されていたことです。

スターリンは第二次世界大戦における独ソ戦、ロシアでいうところの大祖国戦争で勝利した英雄、プーチンはクリミアを併合した英雄です。そして2012年から国防大臣を務めるショイグはプーチンの大親友です。他の高官なども描かれていますが、主要な人物はこの3人です。

聖堂のモザイク画になったということは、聖人になったということです。ところがその後、プーチンが「時期尚早」と言い出したため、モザイク画は撤去されることになったと伝えられています。

しかし、プーチンの意向を確認することなく、彼のモザイク画を聖堂に展示することなど考えられません。プーチンが指示したに決まっています。そのうえで、「自分にはそんなところに祀られるほどの業績はまだない」と、あえて謙虚なところを見せたかったのではないでしょうか。

ただし、「時期尚早」ということは、いずれ英雄となり、聖人になるという意思表明とも解釈できます。スターリンのように戦争に勝って、領土を拡大し、ロシアの影響圏も広げたうえで、英雄として、聖人としてロシア軍主聖堂のモザイク画になるつもりだということです。

結果は、ウクライナの抵抗といい、スウェーデン、フィンランドのNATO加盟といい、プーチンの想定どおりにはいっていませんが、このロシア軍主聖堂の開設は、おそらく今回のウクライナ侵攻を見据えた戦争準備だったのだと思います。

「ブダペストの虐殺者」アンドロポフ

尊敬するスターリンに倣ったプーチンの宗教の利用について紹介してきましたが、プーチンが尊敬する他の人物についても見ていきましょう。

ソ連時代の人物でスターリンとともにプーチンが尊敬しているのが、ユーリ・アンドロポフ（1914〜84年）です。1967年から82年まで15年間もKGBの議長を務めており、75年にKGBに入ったプーチンの先輩に当たります。

その前には1954年から駐ハンガリー大使を務めていました。56年にハンガリー動乱が勃発すると、前線でそれに対応したのがアンドロポフです。ソ連の実質的な支配に反対する労働者や学生の反政府運動から起こった蜂起をアンドロポフは、「反革命、反社会主義の暴動」と断じ、ソ連軍の派兵を要請、その軍事力と自らの陰謀によって動乱を鎮圧しています。

アンドロポフは反政府派に対する弾圧の冷酷さゆえに、西側から「ブダペストの虐殺者」として知られることになります。たとえば反政府派に推されて首相となったナジ・イムレ政権を陰謀で潰すと、アンドロポフはユーゴ大使館に避難したナジに恩赦を約束します。しかし、それを信じて大使館から出てきたナジを拉致、秘密裁判にかけて処刑しています。

アンドロポフは68年に始まったチェコスロバキアの変革運動「プラハの春」を今度はKGBの議長として弾圧します。

チェコスロバキアの第一書記に就任したドゥプチェクは「人間の顔をした社会主義」をスローガンに掲げ、言論の自由化など「上からの改革」を推し進めます。しかし改革運動はドゥプチェクの意図を超えた広がりを見せ、活動も急進化していきました。

ユーリ・アンドロポフ

民主化運動が他の東欧諸国に広がるのを恐れたソ連はこの年の8月、ワルシャワ条約機構軍20万人を投入して改革運動を圧殺、プラハの春を終わらせます。これを決断したのがアンドロポフです。彼は空挺部隊まで投入して、非常に残忍な方法でプラハの春を潰しています。

1979年12月に始まるソ連軍のアフガニスタン侵攻を主導したのもアンドロ

ポフです。当時はブレジネフ政権の末期で、健康状態がすぐれず判断力の衰えた書記長に代わって、米国寄りに傾きかけたアフガニスタン共産政権への軍事介入をアンドロポフが決断しています。

日本在住のウクライナ人国際政治学者グレンコ・アンドリー氏は、「ＫＧＢのスパイは一切の人間性をなくして、目的達成のためにはいかなる残忍な手段も平気でやるよう訓練されている。プーチンがやっていることはスターリンとアンドロポフの真似だ」と指摘しています。

１９８２年11月、ブレジネフが死去すると、アンドロポフが書記長に就任しますが、84年２月、在任わずか１年３カ月で病没しました。

アンドロポフを師と仰ぐプーチンは、アンドロポフの誕生日には、赤の広場のレーニン廟の裏にある墓所に詣で、墓前に赤いカーネーションを捧げています。

ピョートル大帝、エカテリーナ２世、アレクサンドル３世

ソ連以前の人物でプーチンが尊敬しているのは、先ほど紹介した、ロシアをキリスト教国にしたキエフ・ルーシのウラジーミル大公のほか、ピョートル大帝（在位１６８２〜１

７２５年）とエカテリーナ２世（在位１７６２〜96年）、アレクサンドル３世（在位１８８１〜94年）です。

ピョートル大帝は、バルト海沿岸を支配していた北欧の大国スウェーデンとの大北方戦争（１７００〜21年）に勝利し、領土を拡大、バルト海の覇権を奪って、ロシアを列強の一員としました。そして、この戦争で獲得した地に新都サンクトペテルブルクを建設しています。

プーチンは２０２２年6月12日の「ロシアの日」に演説し、ピョートル大帝の統治下でロシアが世界的大国の座を占めたことを指摘、決めたことをやり遂げる粘り強さに敬意を表しました。

その数日前の、ピョートル大帝の生誕３５０年に当たる22年6月9日、若い起業家らとの会合でプーチンは、「ピョートル大帝はスウェーデンから領土を奪ったのではなく、奪われた領土を取り戻して確保しただけだ」と発言しています。そして、「われわれも取り戻して確保する巡り合わせにある」とも言っています。もちろん、それは大嘘です。ピョートル大帝は明らかにスウェーデンから領土を奪ったのです。

要するに、プーチンは自らをピョートル大帝になぞらえ、「自分はウクライナを奪おうとしているのではなく、奪われた土地を取り戻そうとしているだけだ」と、嘘に嘘を重ねて、ウクライナ侵攻を正当化しようとしているわけです。

現在の皇帝になろうとしているプーチンは、尊敬するピョートル大帝を、自分の嘘をもっともらしく見せるために利用しているのです。

女帝のエカテリーナ2世は18世紀後半、オスマン帝国との戦争に勝って、現在のウクライナのほぼ東半分を獲得し、ここを「ノヴォ・ロシア（新しいロシア）」と呼びました。

プーチンが22年9月下旬、軍事的圧力の下で虚偽の住民投票の末、強制併合して世界的非難を浴びた東・南部のルガンスク、ドネツク、ザポロジエ、ヘルソンの4州はこの地域にすっぽり含まれるのです。今でもロシア語を話す人口は多いのですが、地名はソ連時代には、ほぼ廃れていました。

ところが、8年前のクリミア半島併合直後、プーチン自身が突然、「ノヴォ・ロシアの住民の法的権利と利益は守られるべきだ」と言い出し、かなり早い段階から「ノヴォ・ロシア併合」の妄執にとらわれていたことを示唆していました。

一方、アレクサンドル3世というのは、日本ではほとんど知られていません。父親のアレクサンドル2世は、農奴解放令を発した皇帝として世界史の教科書に出てきますが、息子の3世を知る人は少ないのではないでしょうか。

そのアレクサンドル3世が注目される出来事が、数年前にありました。２０１７年11

月、クリミアのヤルタ郊外で、プーチンが出席して巨大なアレクサンドル3世記念像の除幕式が行なわれたのです。クリミア半島併合の記念として、建立されたものです。

なぜアレクサンドル3世なのでしょうか。

アレクサンドル3世が尊敬する祖父、ニコライ1世は、クリミア半島を要塞化し、そこを拠点にして黒海におけるロシア艦隊のプレゼンスを高めた功労者です。そして孫のアレクサンドル3世はある名言を残しています。

「正論」執筆メンバーのお1人、袴田茂樹氏（青山学院大名誉教授）によると、アレクサンドル3世は、次のような言葉を残しているそうです。

「次のことを忘れてはならない。われわれは、敵国やわれわれを憎んでいる国に包囲されているということ、われわれロシア人には友人はいないということだ。われわれには友人も同盟国も必要ない。最良の同盟国もわれわれを裏切るからである。ロシアには信頼できる同盟者は二つしかない。陸軍と海軍である」

像には、この言葉が刻まれています。まるでプーチンの言葉そのものです。

袴田氏はプーチンについて「帝政ロシア時代からの帝国主義的思想に取りつかれている」と分析されています。おっしゃるとおりだと思います。

ここまでプーチンが尊敬している先人について見てきました。まとめれば、ウラジーミル大公、ピョートル大帝、エカテリーナ2世、アレクサンドル3世、スターリン、アンドロポフの6人がプーチンの頭に入っている歴史上の人物です。この6人を合わせてプーチンができていると見ればいいと思います。

北方領土返還交渉を卓袱台返し

次にプーチンの日本に対する姿勢を振り返ってみます。

じつは2005年が北方領土問題の大きな転機となっています。その年に、プーチンの北方領土に対する態度がコロっと変わったのです。

1993年10月、来日したエリツィン大統領と細川護熙首相が会談し、「四島の帰属問題を解決して平和条約を結ぶ」とした「東京宣言」に署名しました。

以後、2003年、小泉純一郎首相が訪ロして行なった小泉・プーチン会談まで、日ロ両国は東京宣言を踏襲してきました。このときはプーチンも「それでいこうじゃないか」というスタンスでした。

ところが大統領就任6年目の2005年9月、プーチンはガラリと態度を変えて、突然、「南クリール（北方四島）は第二次世界大戦の結果、ソ連（ロシア）の領土となり、これは国際法で確定している」と、とんでもないことを言い出したのです。

クレムリンは「国際法とはヤルタ協定だ」と明言していますが、虚偽です。1945年2月、米英ソの三首脳がドイツ降伏後のソ連の対日参戦と千島列島などの獲得を約した協定ですが、あくまで秘密協定で日本は非当事国です。2005年、当時のブッシュ米大統領は、「ヤルタ協定は史上最悪の誤りだった」と全面否定しています。日本はまったく拘束される必要はありません。しかも四島奪取は「戦後の領土不拡大」を謳った大西洋憲章やカイロ宣言などにも反しています。

一方、中ロ関係においても2005年は、一つの節目となっています。まず、2001年に設立された「上海協力機構（SCO）」の活動の一環として、初の中ロ合同軍事演習が実施されたのが2005年でした。

なぜ2005年なのでしょうか。じつは2004年10月、プーチンと胡錦濤の政治決着によって中ロ国境協定が結ばれ、1960年代末には武力衝突まで引き起こした中ロ間の国境問題が決着しています。これが2005年以降の中ロ接近の一因ではないかと思います。

以後、上海協力機構の中ロ合同軍事演習は規模を拡大していきます。たとえば中国とロシアの海軍は、南シナ海、東シナ海、日本海、オホーツク海といった中国や極東ロシアの近海だけではなく、アデン湾、地中海、バルト海、南半球などでの合同演習も行なうようになっています。22年9月には、北海道沖の日本海で合同射撃訓練が強行されました。

しかし、フィンランド、スウェーデンのNATO加盟が決まったため、この先、バルト海の演習では、中ロ海軍は肩身の狭い思いをすることになるかもしれません。

「主権国家」はロシア、中国、インドだけ？

最後にプーチンの国家観について見てみましょう。

プーチンは、世界で「主権国家」といえるのは、ロシア、中国、インドの3カ国だといっています。プーチンにいわせれば、外国に安全保障を依存して、盟主に主権を制限されている国は主権国家ではない、ということです。プーチンにとって主権国家とは、核兵器と強力な軍事力を保有し、同盟に依存することなく安全保障を全うできる国ということになります。

だからプーチンは、「アメリカに盲従」している日本も、アメリカに「服従」しているNATO諸国も主権国家とは見做していません。ただ、その定義に従えば、アメリカは主権国家といえそうですが、プーチンはこの文脈でアメリカには言及していません。

当然、核兵器を持たないウクライナも主権国家ではありません。一国で安全保障を完結するのが難しいから、ウクライナは安全保障をNATOに依存しようとしてきたのですが、ロシアはそれを認めません。理不尽にも、「ウクライナはロシアと一つ屋根の下にあるべき」という「ルースキー・ミール（ロシアの世界）」の世界観を、力ずくで受け入れさせようとしています。「ロシアあってのウクライナの主権だ」とも言っています。

核兵器とそこそこの軍事力を持ち、同盟に依存しないという意味では、北朝鮮も主権国家の資格があると、プーチンは思っているのかもしれません。

ロシアの反体制派指導者アレクセイ・ナワリヌイ氏

さらにプーチンは、「国家とは、他国に恐れられる強い独裁国家でなければならない」と確信しています。「民主国家は弱体化する」「国民に自由を持たせてはいけない」と本気で信じているようです。「言論の自由は国家を弱体化させる」とも考えています。

プーチン大統領のものとされる黒海沿岸の「宮殿」

プーチンに言わせると、「西側に操られた国家弱体化の武器、それが言論の自由だ」ということになります。2021年1月、反体制派指導者のアレクセイ・ナワリヌイが、「プーチンが黒海沿岸に推定約1000億ルーブル（約1400億円）の豪華な宮殿を所有している」と暴露する動画を公開しました。「ああいう言論の自由は絶対ダメだ」と、プーチンは激怒したといいます。

いまロシアでは、ウクライナにおけるロシア軍の「特別軍事作戦」を、「戦争」「侵攻」といった表現を使って報道すると、「虚偽報道」と見做され、最長で15年の禁固刑が科されます。

要するに、核兵器と強力な軍事力を保有し、同盟に依存することなく安全保障を全うでき、他国に恐れられ、自由が制限され、言論の自由に至っては存在さえしない独裁国家——それがプーチンのいう「主権国家」です。

それに従えば、本書は世界でも稀な「主権国家」２カ国の最高権力者についての書籍ということになります。

第2章 毛沢東になりたい習近平

石平

繰り返される易姓革命と皇帝独裁

本章では、「習近平は何を目指しているのか」という切り口から、「習近平とは、いかなる人物なのか」という問題にアプローチし、習近平問題ひいては中国問題の本質について考えていきたいと思います。

簡単に言えば、習近平は二つのことを目指しています。一つは独裁者になること、もう一つは中華民族の復興です。

では、中国で独裁者になるとは、どういうことなのでしょうか。それを知るには、秦の始皇帝以来の「皇帝政治の伝統」を理解する必要があります。

秦の始皇帝以来、中国は皇帝独裁の中央集権体制から脱出することができませんでした。ひとたび皇帝になれば天下を私物化して、一族が利益を独占します。すると他の一族も皇帝の座を狙って王朝の転覆を図ります。こうした易姓革命による王朝の交代はありますが、新しい皇帝一族がまた中央集権の独裁体制で天下を私物化します。中国では秦の始皇帝から清王朝まで、ずっとこの繰り返しでした。

しかし清王朝末期には西洋の思想が入ってきます。民主主義という概念も初めて入ってきました。そこで一部の人々が、民主主義と科学を中国に導入しようとします。その先頭に立ったのが孫文たちの革命派でした。

孫文と彼の理想に共鳴する人々は、だいたい日本で教育を受けていました。彼らは東京で「中国同盟会」という革命組織を結成しました。同盟会の綱領が「満洲駆逐、中華回復、民国建国、地権平等」であることからもわかるように、孫文たちが目指す革命は、近代国家建設のための革命であると同時に、清王朝をつくった満洲族を駆逐して中華を回復させるための民族革命でもありました。

孫文たちは１９１１年に革命を起こします。辛亥革命です。翌１９１２年1月1日、孫文は南京で中華民国の建国を宣言し、臨時大総統に就任します。中国史上初の共和国の誕生です。２月12日には最後の皇帝が退位して、清王朝は滅亡します。これでいよいよ民主主義が始まるかと思ったら、全然始まらない。

中華民国は北洋軍閥の袁世凱に乗っ取られてしまいます。袁世凱は１９１２年3月に第2代中華民国の臨時大総統に、次いで13年10月には初代大総統に就任します。孫文らは第二革命を起こして反袁運動を始めますが、さらなる独裁を志向する袁世凱は大総統では飽き足らず、１９１６年1月、中華民国に代わる「中華帝国」の建国を宣言して、自ら皇帝として即位します。

この袁世凱による帝政復活は全国で猛烈な反発を招きます。孫文ら革命派が反袁・反帝政の第三革命を展開する一方、地方の軍閥はもとより北洋軍閥の諸将まで袁世凱に反旗を翻します。軍閥の諸将からすれば、袁世凱が大総統であれば、彼が引退したあと自分たちがトップに立つチャンスがありますが、皇帝になってしまえば、自分たちは永遠に袁家の家来になるしかないからです。

結局、袁世凱は皇帝即位からわずか2カ月で帝政を廃止すると、6月には病死してしまいます。袁世凱の帝政復活はこうして失敗に終わり、中国は再び共和国に戻りました。しかし、清王朝皇帝の退位からわずか4年後に新皇帝が再び登場したことは、2000年以上にわたって中国を支配してきた皇帝独裁の伝統の根強さを印象づけるものでした。

これ以降、自ら皇帝を名乗り、公然と帝政復活を唱える人物が現れることはありませんでした。しかし、実質上の皇帝となって天下を支配しようとする政治指導者はあとを絶ちません。ある意味では、清王朝最後の皇帝が退位したあとの中国の近現代史は、「新皇帝」を次から次へとつくり出していく歴史だったのです。

国共合作から国共内戦へ

袁世凱の時代から中華民国の首都はすでに南京から北京に移されていました。袁世凱の死後、中華民国の実権を握ったのは、北洋軍閥の軍人たちでした。北洋軍閥が牛耳る中華民国政府を「北洋政府」といいます。しかし、北洋軍閥が支配できたのは、北京とその周辺の一部地域だけでした。国の大半は大小の軍閥が分割統治していて、国内は混乱を極めていました。

混沌とした状況のなか、軍閥打倒を目指す孫文が頼ったのがソ連でした。孫文は自前の軍事力を持つべく、１９２４年、ソ連の援助を受けて広東省の広州に黄埔(こうほ)軍官学校を創設します。その校長に抜擢したのが、日本で軍事教育を受けた蔣介石でした。蔣介石は軍官学校の優秀な若者たちを骨格として「国民革命軍」をつくり上げます。

これに先立つ１９２１年には、コミンテルンの主導で中国共産党が結成されていましたが、党勢はまったく奮いませんでした。そこでソ連が孫文を援助する見返りとして要求したのが、中国国民党と中国共産党の協力体制の構築でした。どうしても援助が欲しい孫文はソ連の要求を呑んで、１９２４年１月、共産党と連携することになります。第一次国共合作です。

その結果、中国共産党の幹部を国民党の中に受け入れています。たとえば毛沢東は国民党宣伝部代理部長を務めていますし、周恩来は黄埔軍官学校の政治部主任になって校長の蔣介石に仕えています。この時点で中国の近代革命はソ連に乗っ取られ、共産主義革命の一部になったといえます。

蔣介石は黄埔軍官学校創設の前年、孫文の命で軍事視察のためにソ連を訪問しています。賢明な蔣介石はそのとき、ソ連共産党が危険な存在であることを理解します。

孫文が率いる革命組織「中国国民党」は広州を拠点にしていましたが、国民党配下の国民革命軍は広州周辺の軍閥を撃破して、広東省全体を支配下に置きます。1925年、孫文は死去しますが、翌26年、蔣介石は孫文の遺志を継ぎ、北洋政府打倒・全国統一を目指して本格的な軍事行動を始めます。国民革命軍を率いて、中国最南部の広東省から北洋軍閥と各地方軍閥の支配する中国中部と北部へ進軍する「北伐戦争」をスタートしたのです。

北伐途上の1927年、国民革命軍は中国南部と中部を支配下に置きますが、国民党と革命軍の中に入り込んだ共産党は、コミンテルンの指示のもと、国民党そのものを乗っ取って北伐戦争の成果を横取りしようと動き出します。これに対して蔣介石は革命軍に入り込んだ共産党幹部と党員に対する大粛清を断行します。日本でいうところの上海クーデターです。この時点で第一次国共合作は事実上、崩壊します。

1927年4月、国民党から共産党員を排除した蔣介石は南京で国民政府の樹立を宣言、以降、中国は国民党と共産党の内戦の時代となります。

１９２８年6月には国民革命軍が北京に入城して北伐戦争は終了、同年10月には蔣介石が国民政府主席に就任して、名実ともに中国の新しい最高指導者になりました。

存亡の危機に陥った共産党を救った日本軍

国民党と共産党の内戦の時代、共産党は江西省や湖南省の山間部に革命根拠地をつくり、革命政府を樹立します。国民政府軍の掃討作戦によって、１９３４年までに共産党は革命根拠地の大半を失い壊滅寸前に追い込まれます。残党は国民政府軍と交戦しながら１万２５００キロも移動して陝西省の山間部にあった根拠地にまで落ち延びます。いわゆる「長征」です。

しかし蔣介石の国民政府軍は、陝西省の根拠地にも迫り、共産党の殲滅を目指します。共産党は再び存亡の危機を迎えます。その危機を救ったのが日本軍でした。１９３７年7月、日中戦争が勃発すると、蔣介石と国民政府にとっては対日戦争こそが全力で対応しなければならない急務となり、共産党の殲滅は棚上げするしかなくなります。

共産党は日中戦争を自らが生き残るチャンスとして利用し、国民政府に「内戦終結、一致対日」を提案します。蔣介石はこれを受け入れ、「抗日統一戦線の結成」という大義名分のもと、国民党と共産党の連携が成立します。第二次国共合作です。

日本との8年間の戦争中、共産党は抗日戦争を蔣介石に任せて、国民党軍の戦力が日本軍によって消耗させられるのを横目に見ながら、共産党自身の勢力拡大に専心します。その中で毛沢東は共産党内における自分自身の権力基盤の強化と個人独裁体制の確立を急速に進めます。

一方の蔣介石も、徐々に独裁を強めていきます。中国ではいくら近代的な政治を目指しても、結局、独裁政治から脱することができないのです。

1945年8月、日本の敗北で日中戦争が終わると、毛沢東は蔣介石との和平交渉に応じるふりをして時間稼ぎをします。そして約1年間で内戦の準備を整えたのち、1946年6月、共産党は国民政府軍に対する全面攻撃を始めます。そして、それからわずか3年数カ月後、共産党軍は国民党軍を完膚なきまでに打ち破り、中華民国政府を潰して天下を取りました。敗れた蔣介石と中華民国政府は台湾に逃れます。

新皇帝・毛沢東の〝即位〟

１９４９年10月１日、毛沢東は首都・北京の天安門の城壁の上で、数十万人の大衆に向かって中華人民共和国の建国を宣言しました。

なぜ共産党は新しい中国の首都として北京を選んだのかといえば、答えは簡単です。北京こそ中国大陸だけでなく、アジア世界すなわち天下に君臨した明王朝と清王朝の都であり、明と清を継承する正統な王朝を樹立して皇帝となったつもりの毛沢東にとって、北京を首都にするのは当然の選択だったのです。

北京の天安門の上から中華人民共和国の建国を宣言する毛沢東（1949年）

そして天安門とは、明王朝と清工朝の皇帝の住まいであった紫禁城の正門です。新皇帝になろうとする毛沢東にとって、紫禁城の正門こそ、建国を宣言する最適の場所でした。

そしてこの建国の式典において、毛沢東自身が数十万人の民衆に「毛沢東万歳」と叫ばせました。日本では誰が誰に向かって「万歳！」と叫ぼうが自由ですが、中国の場合、長い伝統のなかで「万歳」という言葉を捧げる対象となるのは1人しかいません。中国の皇帝です。

こうして毛沢東は紫禁城の正門の上に立ち、万民からの「万歳」の歓声のなかで、新しい皇帝として〝即位〟したのです。

では、なぜ蔣介石は敗れたのか。それは、蔣介石は毛沢東に比べて「人殺しが足りなかった」からだと思います。斎藤さんが第1章で指摘されたように、スターリンのようには徹底的な人殺しができなかった。だから、蔣介石は本当の独裁者にはなれなかったのです。

中国共産党が結党その日からやってきたことは人殺しです。農村地帯で地主を殺して財産を奪い、それを軍資金として勢力を拡大して、政権を取ったのです。

共産党政権は最初から一党独裁の政治体制をつくり上げました。政治、経済、軍事、外交、その他すべてを共産党が支配する体制です。そして、そこに君臨したのは、毛沢東という個人独裁者でした。毛沢東は新しい皇帝になったのです。

清王朝最後の皇帝の退位から37年、袁世凱の帝政復活劇から33年、中国は再び新皇帝を生み出したのです。その意味では、1912年の清王朝皇帝の退位からの中国近代史は、毛沢東という新皇帝を生み出すための歴史にすぎなかったといってもいいでしょう。清王朝が辛亥革命で滅んだあとも皇帝政治の伝統は続いているのです。

皇帝政治を終わらせるための二つのルール

毛沢東は27年間、新しい皇帝として君臨しました。しかも昔の王朝時代の皇帝よりもさらに独裁的で残酷でした。

建国以降、毛沢東が主導した反革命分子鎮圧運動、反右派闘争、大躍進政策、文化大革命などによって、おそらく1億もの人々が殺されたり自殺に追い込まれたりしています。これほどの人を殺したからこそ、毛沢東は本当の皇帝になりえたのです。

その毛沢東の時代も１９７６年に毛沢東自身の死をもって終わりました。そこで死んでいなかったら、犠牲者はさらに増えていたでしょう。その後、紆余曲折があって鄧小平が権力を握ります。

鄧小平自身も毛沢東の個人独裁の被害者でした。毛沢東から粛清され、命からがらなんとか生き延びたという経験を二度もしています。鄧小平は共産党の指導者としては、毛沢東と同じように共産党独裁体制の維持を大原則としていました。共産党独裁体制を守るためには、人殺しも辞さなかった。だから天安門広場のデモ隊を武力で鎮圧しました。

しかし鄧小平が唯一、毛沢東と違うのは、個人独裁をなんとか避けようとしたことです。個人独裁が長く続くと必ず弊害が出てきます。1人の人間の頭ですべてを判断するのはそもそも無理だから、側近政治が始まって政治がめちゃくちゃになる。しかも独裁者には正しい情報が入ってこない。必ずそうなることを、鄧小平はわかっていたのでしょう。逆に、そうした個人独裁者の弊害を証明して見せたのが、いまのプーチンです。

そのような個人独裁の落とし穴を避けるために、鄧小平は二つの制度を導入しました。一つは集団的指導体制です。共産党による一党独裁体制は堅持すべきだが、指導者個人の独裁は改めるべきだというのが鄧小平の考えでした。

集団的指導体制とは、具体的には、重要な政策方針と重要人事は、中国共産党の最高指導部である政治局常務委員会の合議で決めるということです。政治局常務委員は5名の場合もあれば7名の場合もありますが、だいたい奇数です。なぜ奇数かといえば、多数決で物事が決められるからです。6名だと3対3で決められないこともありますが、奇数だと決着がつきます。要するに重要な案件は、党の最高指導部で相談して多数決で決めるという原則を導入しました。

個人独裁を避けるために鄧小平が導入したもう一つは、最高指導者の定年制です。共産党の総書記にしても国家主席にしても、「2期10年まで」という制限を設けたのです。鄧小平のもとで憲法も改正されて、国家主席の任期制限がルール化されました。憲法の規定においては国家主席は2期10年以上務められなくなりました。だから鄧小平以後の最高指導者は、江沢民は13年間（国家主席は10年間）、胡錦濤は10年間務めて引退しました。

胡錦濤が党の総書記を務めた10年間、中国共産党の指導体制は文字通りの集団的指導体制となりました。総書記の胡錦濤はいわば最高指導部の首班として全体の統括と調整の役割を果たしていましたが、独断専行で物事を決めるようなことはほとんどありませんでした。

胡錦濤はその一方で、政治局常務委員の各メンバーに担当する方面の仕事を全面的に任せきる形で政治を行なっていました。たとえば、経済の運営は国務院総理の温家宝（おんかほう）に全面的に任せきり、治安と国内統制は、警察・司法など「政法担当」の政治局常務委員である周永康（しゅうえいこう）に全権を委ねていました。

このようにして、胡錦濤政権の10年間においては、鄧小平が皇帝政治に終止符を打つために確立した指導者定年制と集団的指導体制がほぼ完全な形で実行されていて、中国共産党政権内の不動のルールとして確立できたようにも見えました。

もし胡錦濤政権以後の共産党指導者と指導部が、胡錦濤のときと同じようにこの二つのルールをきちんと守り、共産党の政治がルールどおりに展開されていれば、ひょっとしたら新しい政治ルールとして確立した定年制と集団的指導体制のもと、中国の政治は長年の皇帝政治の伝統から脱却し、本当の意味での近代化を始めることができたのかもしれません。

そうなれば、政治は依然として共産党の一党独裁ではあっても、個人独裁による皇帝政治の伝統は終焉していたかもしれません。

「選別的な腐敗摘発」で個人独裁体制を完成

しかし中国にとって不幸なことに、2012年11月の共産党第18回党大会において胡錦濤の後継として最高指導者に選出されたのは習近平でした。

彼は権力欲と独裁志向のきわめて強い人物です。それには、彼がもともと中国共産党の高級幹部の息子、いわゆる太子党であることが影響していると思います。党幹部の子弟というのは、父親に権力があるときはチヤホヤされますが、いったん権力を失えば、地獄に落とされます。習近平はまさに、それを体験しました。

習近平の父親の習仲勲（しゅうちゅうくん）というのは、毛沢東や鄧小平と同じ革命第一世代の古参幹部で、1950年代には党中央委員も務めましたが、文化大革命の前に失脚、78年に復権すると80年代には大きな権力を持つ党の長老集団「八大元老」の1人になるという浮き沈みの激しい人生を送った人物です。息子の習近平も文化大革命期には反動学生として、紅衛兵の吊し上げや収監、下放を経験しています。

そういう体験から彼が学んだのは、「権力がすべてだ」「絶対に権力を手放してはいけない」ということだったと思われます。政権を握った習近平は、胡錦濤政権時代に確立した集団的指導体制と一線を画し、自らの個人独裁体制の確立を目指しました。

そのために習近平は1期目の5年間、毛沢東流の粛清政治を行なって党内の反対勢力を一掃し、自らの権力基盤を強固なものにしました。そのとき彼が政敵の粛清に使った最大の武器が、「腐敗撲滅運動」でした。

毛沢東時代以来、腐敗というのは天下国家を私物化した共産党政権の文化のようなものでした。毛沢東自身、人民と国家を食い物にして皇帝同然の生活を享受し、詐欺師のような手段で莫大な蓄財にも励んでいました。

鄧小平時代になると市場経済の広がりと経済繁栄のなかで、共産党の「腐敗文化」が全面開花します。とくに胡錦濤政権時代の後期には、共産党幹部で腐敗と無縁な人間がほとんどいないほど、汚職や収賄などの腐敗が政権内の「普遍的な文化」として隆盛を極めていました。

政権の座についた習近平は、粛清によって自らの権力基盤を固めるための手段として、この「普遍的な文化」を徹底的に利用します。

共産党総書記に就任して早々、習近平は唯一の政治的盟友である王岐山（おうきざん）を、腐敗摘発専門機関である「中央規律検査委員会」の書記に就任させます。以後、この習近平・王岐山コンビは、中共政権内における凄まじい「腐敗撲滅運動」を展開し、２０１２年秋から17年秋までの5年間に、総計25万人以上の共産党幹部が腐敗の摘発を受けて失脚したり、刑務所行きになったりしたのです。

もちろん習近平と王岐山が進めた腐敗摘発は、本気で腐敗を撲滅するための運動ではありません。それはあくまでも、習近平が党内の政敵たちを潰すための権力闘争の武器であり、共産党幹部全員に脅しをかけて習近平への絶対服従を強いるための手段にすぎませんでした。

したがって習近平たちの腐敗摘発は、最初から「選別的な摘発」でした。習近平・王岐山身辺の腐敗や彼らの子分たちの腐敗はいっさい不問に付して、摘発の矛先をもっぱら政治上の対立勢力に向けていたのです。

この手段を用いて習近平は、江沢民派の勢力をバックにして自分に盾つく元共産党政治局常務委員で警察ボスの周永康や、解放軍元制服組トップの郭伯雄（かくはくゆう）などを腐敗摘発で粛清し、それを機に警察と軍を掌握しました。

腐敗摘発で政敵を粛清する一方、習近平・王岐山コンビはこの手段を用いて恐怖政治を行ない、共産党幹部全員を怯えさせ、ねじ伏せたのです。

共産党幹部はほぼ全員が汚職に手を出しているから、摘発の手が及んできたら誰も破滅から逃れられません。そこで習近平と王岐山は、「選別的な腐敗摘発」をもって幹部たちに一つの明確なメッセージを送ったのです。「習総書記に不服な奴は漏れなく摘発して破滅させてやるが、習総書記に絶対服従していれば目を瞑ってやるぞ」と。

腐敗にどっぷりと浸かった共産党幹部の大多数は、いっせいに習近平の足下に平伏して絶対服従を誓うこととなりました。その結果、習近平の個人独裁体制はわずか5年で完成し、強固なものとなったのです。

集団的指導体制と最高指導者の定年制を破壊

習近平は集団的指導体制を破壊することで、極端な個人独裁をさらに強めていきます。そのために彼が活用したのが「小組政治」です。

中国語で「小組」とは、日本でいう「プロジェクト・チーム」の「チーム」にあたります。中国共産党の政治中枢では、じつは「○○領導小組」と称される小組が多数あって、政治を動かしています。「領導小組」とは、「指導チーム」ということです。

たとえば「中央財経領導小組」とは、共産党中枢部における経済関係の領導小組であって、実質上、中国の経済運営と経済企画の司令塔となっています。

名目上、経済の企画や運営を担当しているのは、国の公式機関としての国務院や国家発展改革委員会などのフォーマルな国家組織ですが、一党独裁の政治体制においては党がすべてを支配しなければならないから、共産党の中枢に「中央財経領導小組」という非公式な組織をつくり、それが公式機関としての国務院などを指導して国の経済を動かしているのです。

経済だけでなく、軍事・外交・文化などあらゆる領域において共産党の中枢部にこの「○○領導小組」が創設されていて、党の分身として軍事・外交・文化のすべてを支配しているわけです。

2017年の共産党第19回党大会以来始まった習近平独裁政治の大きな特徴は、彼を中心とした「小組政治」の横行です。まず、重要と思われる領導小組の「組長」に習近平自身が就任します。そして側近をその副組長や秘書長（事務局長）に据えます。こうして小組を使って政治・経済・外交・文化のあらゆる分野にトップダウンで政治指導を行ない、すべての権限を習近平1人の手に集中させているのです。

こうして習近平は、鄧小平が個人独裁体制を終わらせるために導入した集団的指導体制を破壊しました。

さらに習近平は、鄧小平が導入した「最高指導者の定年制」まで破壊してしまいました。2018年、憲法を改正して、国家主席の任期を「2期10年まで」とする条文を削除したのです。

そもそも中国共産党の総書記には任期の制限がありません。だから国家主席の任期制限を撤廃すれば、彼は共産党総書記と国家主席をこれから三期、四期と続けることが可能となりました。習近平は明らかに、かつての毛沢東に倣って終身独裁者として中国に君臨し、事実上の「新皇帝」になろうとしているのです。

「全地球の発展に方向性を示した」習近平

すでに中国の国内メディアでは、習近平を皇帝であるかのように扱う報道も見られるようになっています。

新華社通信の傘下に『参考消息』という国際情報専門の新聞があります。発行部数は人民日報を抜いて国内1位を誇ります。その参考消息は2022年6月25日、1面トップで、習近平主席が新興5カ国（BRICS）首脳会議で「重要講話」を行なったことを伝えています。

その記事のタイトルは何と、「習主席は全地球の発展に方向性を明確に示した」という大層なものです。内容はといえば、習主席の講話は世界経済や国際政治のしかるべき未来像を提示した上で、全人類の未来に方向性を示した、というものでした。

いかにもおかしな話です。単なる5カ国の会議で習近平が行なった講話の一つが、なぜ「全地球の発展」や「全人類の未来」に方向性を示すことになるのか理解不能ですし、そもそも、われわれ「全地球・全人類」が習近平に方向性を示してくれと頼んだこともありません。この記事の論調はうぬぼれというよりも、もはや夜郎自大というしかありません。

よく調べてみれば、中国の国内メディアが「習主席が方向性を示した」という言い方をしているのは、この参考消息の記事だけではありませんでした。たとえば習近平が2016年11月、APEC会議で演説したときには、ニュースサイト『中国網』が「習主席の演説はアジア・太平洋地域および世界の発展に方向性を示した」と報じていますし、2021年1月、世界経済フォーラム（WEF）のオンライン会合「ダボス・アジェンダ」に参加して講話を行なったときには、『中国日報』（Web版）が「習主席は世界の未来的発展に方向を示した」と題する記事を大きく掲載しています。

中国国内メディアにおいて、習近平はアジアだけでなく世界全体の向かうべき方向性を示してくれる「地球レベルの指導者」となっているようです。

内政の面でも習近平は同じような扱いをされていて、「株式市場の発展」に方向性を示したり、「科学技術の創造・進化」の方向性を示したり、「海洋経済の発展」に方向性を示したりと、〝大活躍〟です。

中国国内では、いまや習近平はあらゆる分野の方向性を示す〝全知全能の大指導者〟に祭り上げられているようです。単なる中国内部の問題であれば、われわれも誇大妄想と一笑に付することができますが、問題は「習主席が世界全体の方向性を示した」という国際レベルの「妄想」が中国国内で真剣に、かつ普通に語られていることです。

その背後にあるのは「中国の皇帝は世界全体の主（あるじ）」という中華思想の幽霊です。どうやらいまの中国と習近平はそれに取り憑かれて、世界の覇者となって、この地球上の人々を従わせようと本気で考えているようです。

前漢時代に儒教によって生み出された「皇帝観」からすれば、中国王朝の皇帝はたんなる「中国」という一つの国の皇帝ではなく、むしろ「天」に代わって「天下」を支配する最高主権者と位置づけられています。そして伝統的な中華思想においては、この「天下」

とはまさに世界全体であって、限られた国境の内側ではありません。

中華思想については後述しますが、そもそも近代以前の中国には、「国境」という概念がありませんでした。清王朝の末期まで中国は国旗を持っていませんでした。国旗というのは他の国と区別するためにありますが、中国人の世界観においては他の国はそもそも存在せず、全部が皇帝の支配する天下だから、国旗による区別は不必要なのです。

中国は皇帝独裁政治から永遠に抜け出せない

結論の一つをいえば、習近平が皇帝になろうとしているということは、「中国という国が永遠に皇帝政治から脱け出せない」ことの証左といえます。最高権力者が皇帝政治の伝統から脱せないと同時に、独裁者がいなければ国が安定しないという理由から国民が皇帝政治を求める伝統も根強く生き続けているからです。国の安定のために国民が独裁者を求める点は、強い指導者を求めるロシアとよく似ているといえます。

結局、習近平政権が潰れたとしても、中国が民主主義国家になることは、まずありえません。これが中国が抱える問題の一つです。毛沢東になりたいのは、何も習近平だけではありません。たとえ習近平が失敗したとしても、いずれまた毛沢東になりたい指導者が出てきます。

そして毛沢東になりたい独裁者は結局、秦の始皇帝になりたくてしょうがない。典型的に秦の始皇帝を真似たのが毛沢東です。秦の始皇帝は知識人を生き埋めにし、本を焼きました。焚書坑儒です。毛沢東もまったく同じことをしました。「反右派闘争」や「文化大革命」と称して、膨大な数の知識人を粛清し、文化を破壊しました。

結局、中国の問題を理解するには、一つの前提として、「皇帝独裁政治から永遠に脱却できない」というこの国の宿痾（しゅくあ）を理解する必要があるのです。

政治的近代化も完全に失敗に終わっています。１９１２年に清王朝の皇帝が退位して中華民国ができましたが、それから１９４９年までの歴史は、毛沢東という新しい皇帝が誕生するための準備期間でしかなかった。そして毛沢東の死後、鄧小平が皇帝政治を終わらせるために改革を行ないますが、これも習近平という新しい皇帝が登場するための準備期間でしかありませんでした。

今後も中国はずっとこの繰り返しです。新しい皇帝ができ、独裁政治を行ない、その皇帝が潰れて混乱し、しばらくしたらまた新しい皇帝ができる。そういう意味では、ロシアと同じです。スターリンの独裁政治が終わると、ソ連からスターリンのような強力な独裁者がだんだんいなくなり、ゴルバチョフになってソ連は崩壊してしまった。そしてしばらく混乱が続いたのち、プーチンという新しい独裁者が出てきました。

皇帝独裁政治から絶対に抜け出せない——中国を理解するには、まずこのことを理解しなければなりません。

中華思想から生まれた侵略的覇権主義

習近平が目指していることの第二の目標は、「中華民族の復興」です。習近平が掲げる「中華民族の偉大なる復興」とは何かといえば、近代になって失われた往時の中華帝国の栄光と覇権を取り戻して、中国が再び世界の頂点に立って、周辺国と民族をその支配下に置くことです。要するに中華思想に基づく覇権主義の復興です。

つまり、習近平および中国を理解するためのもう一つの視点が、「中華思想」です。

中華思想とは、中国の王朝と皇帝をこの世界の唯一の支配者とし、中国の文明はこの世界で唯一の文明だと自任する一方、周辺の民族はみんな野蛮人であるから、中国の王朝と皇帝に服従し、中国文明の「教化」を受けなければならない、という考えです。

したがって、中華思想は皇帝の独裁政治と表裏一体の関係にあります。

先ほど、中国には「国境」という概念がなかったと言いましたが、じつは「国」という概念がそもそもありませんでした。「中国」と称する国になったのは、近代になってからで、それまで「中国」という名称はありませんでした。中国の皇帝、中国の王朝が全世界の主であるという世界観ですから、他国も自国もなかったわけです。

ただし、残念ながら、皇帝が支配する中華世界にいまだ入っていない野蛮な民族はいました。これを「残念」というのは、「入っていない民族にとって残念」という意味です。「皇帝に服従して中華文明の教化を受ければ、あいつらも中華世界に入れるし、ちゃんとした文明人になれるのに、野蛮だから教化を受けようとしない。かわいそうなやつらだ」という思想です。

たとえば、中国からすれば、朝鮮人は中華世界に入った幸せな民族ですが、日本人は中華文明の教化を受けない「化外(けがい)の民」で、中華世界に入れない不幸な人々ということになります。琉球人も日本人より文明度の高い幸福な人々です。「朝鮮も琉球も皇帝に朝貢して文明世界に入れてもらっているのに、日本人は朝貢の礼儀も知らない野蛮人だから、文明世界に入れないでいる。日本人は不幸だ」という論理です。

中国では古来、周辺の諸民族を「夷蛮戎狄(いばんじゅうてき)」と差別的蔑称で呼んで、獣同然の野蛮人と見なしていました。夷・蛮・戎・狄はどれも語源を辿れば虫や獣を指す言葉です。

このように皇帝に従属しない周辺民族を「非文明」と徹底的に差別して中国の「独尊」を唱える中華思想から生まれてくるのは、覇権主義的征服・侵略行為です。周辺の国々は野蛮民族である以上、中華帝国が彼らを支配して「教化」していくのはむしろ当然のこととされたのです。

周辺民族を自らの支配下に置いて彼らからの「臣服」を受けることは、中国の皇帝が皇帝であることの証明であって、「天」から選ばれた「真命天子」であることの印とされました。

だからこそ、皇帝政治が本格的に確立した前漢以来、周辺民族に対する征服や侵略が中国王朝の伝統的政策の一つとなり、歴代王朝は成立後に国内の統治基盤を固めてから、必ずといってよいほど周辺民族に対する征服・侵略行為を行なうようになりました。そして周辺民族の征服と支配に成功した皇帝こそが偉大なる皇帝として、歴史に名を残すことができたのです。

中華思想を受け継いだ孫文の「中華民族」

ところが19世紀になると、西洋諸国が次々に中華帝国を打ち破り、アロー戦争では北京まで占領されてしまいます。さらに日清戦争では、あろうことか野蛮な日本にまで負けて賠償金を払わされます。これでは「中華世界の皇帝は世界の主」とはとてもいえません。中華思想が成り立たなくなると、清王朝は崩壊しました。

大きく傷つき、破綻しかけた中華思想を救ったのが孫文でした。孫文は「中華民族」という概念を打ち出すことで、中華思想を見事に受け継いだのです。

孫文はもともと三民主義の一つに民族主義を掲げ、満洲人の清王朝を倒して漢民族の国家をつくろうとしました（滅満興漢）。しかし辛亥革命で清王朝を倒した孫文は、民族主義では清王朝の版図が解体されてしまうことを危惧します。そこで孫文は「五族共和」を唱えます。主要な民族が協力して共和国を建てることで、清王朝の最大版図を引き継ごうとしたのです。

しかしウイグル人などのイスラム教徒やチベット人、モンゴル人は中華民国から独立しようとします。そこで中華世界の分裂を恐れた孫文が発明したのが、「中華民族」という概念です。

孫文は漢民族を中心に、すべての周辺民族を中華民族に同化させてしまおうと考えたのです。

すべての周辺民族を中華民族に入れてしまえば、理論的には、すべての民族を中国の支

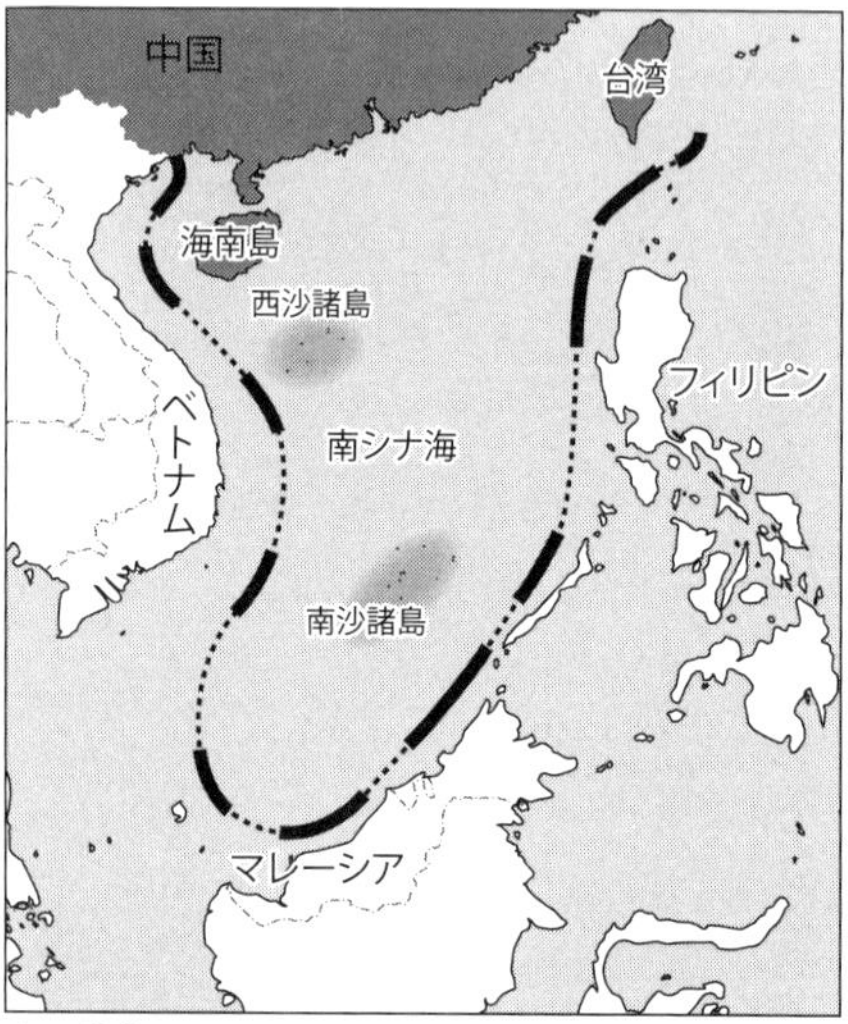

配下に置くことが可能です。要するに孫文は、清王朝が併合した周辺諸民族を、そのまま中華民国が引き継ぎ、清王朝が最大版図を誇った時代の中華世界を維持しようとしたのです。

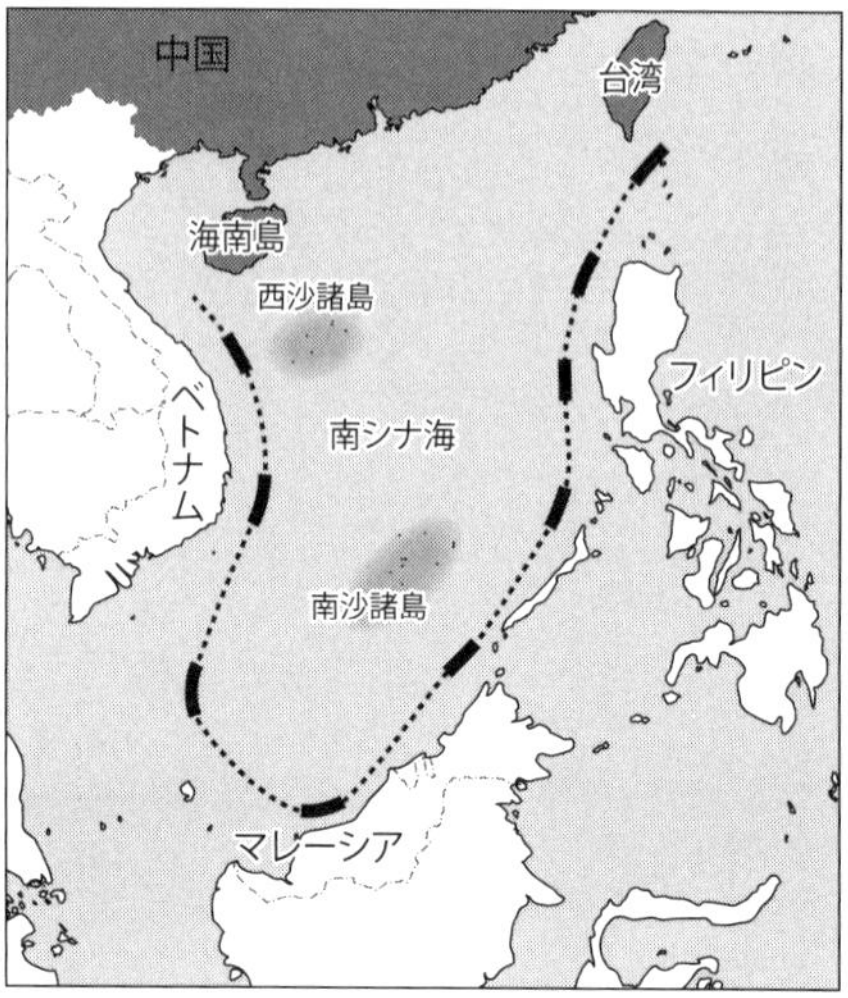

すべての周辺民族を中華民族に入れてしまえば、チベット人も中華民族になって幸せ、ウイグル人も中華民族になって幸せ、いずれ朝鮮人も中華民族に入れてあげよう、という論理です。まさに中華思想の再生です。

十一段線

九段線

孫文の中華民族という概念を政治的に実践したのが、「中華思想の塊」のような蔣介石です。1947年、蔣介石は南シナ海における覇権を握るべく、地図上に南シナ海を取り囲むように11本の線からなる破線「十一段線」を書き込み、その内側は中華民国の領海だと主張しました。

その後、中華民国政府を台湾に追い出した中華人民共和国は1953年、中華民国が設定した十一段線から線を2本取り除いて、9本の線で破線を書き直します。それが「九段線」で、その内側を自国の領海だと一方的に主張します。

九段線は中国共産党が勝手に設定したように思われていますが、じつは蔣介石が発明したものを、南シナ海に対する覇権主義と一緒に中国共産党が受け継いだものなのです。

周辺民族・国家への侵略を繰り返した毛沢東

毛沢東および中国共産党も、蔣介石に負けず劣らず中華思想を色濃く受け継いでいました。共産党政権を樹立した1949年から1976年に死去するまでの27年間、毛沢東はまさに偉大な皇帝として歴史に名を残すことを目指して、周辺民族と国々に対する侵略を繰り返しました。

中華人民共和国建国の直後、毛沢東配下の解放軍はまずウイグル人たちの住む新疆（しんきょう）地域に進軍して占領しました。翌１９５０年からは独立国だったチベットに侵略軍を差し向け、時間をかけてチベット全域の征服に成功しました。１９５０年に朝鮮戦争が起きると、毛沢東は数十万人単位の解放軍部隊を「志願軍」と称して朝鮮半島に派遣し、アメリカ軍を中心とした国連軍と戦います。

１９６２年には、毛沢東の解放軍は国境を越えてインドの領内に侵攻し、インドとの国境戦争を起こします。さらに１９６９年には、もう一つの大国であるソ連とも国境を挟んで軍事紛争を起こしました。

こうして見ると、新皇帝の毛沢東はかつての前漢の武帝や清王朝の康熙帝のように、偉大なる皇帝となるべく侵略戦争に明け暮れていたことがよくわかります。幸い、当時の中国は近代化された強大な軍事力を持たなかったため、毛沢東の征服戦争の快進撃は新疆とチベットの占領で止まり、それ以外の侵略戦争は領土の拡大や周辺国の征服にはつながりませんでした。トータルすれば、半分成功といったところです。

鄧小平の時代になると、彼は征服戦争の展開よりも、経済力と軍事力の強化を優先します。鄧小平は改革開放政策を推し進めて市場経済を導入し、西側から技術と資金を呼び込んで経済成長の起爆剤にしようとします。そのために採用したのが、「韜光養晦（とうこうようかい）」という戦略です。しばらく爪を隠して国際社会で目立ったことをせず、西側といい関係をつくって、内に力を蓄えようという外交方針です。中国はその侵略的野望を一時的に棚上げして、西側先進国や周辺国との「友好外交」に転じました。

それが大成功して、日本や欧米から資金と技術がどんどん流れ込み、中国は驚異的な経済成長を遂げます。鄧小平路線が江沢民政権、胡錦濤政権を通して継承された結果、胡錦濤政権時代の2010年、中国は日本を抜いて世界第2位の経済大国になります。軍事力も海軍力も空軍力も格段に増強されました。

毛沢東と並ぶ偉大な皇帝になるために

経済成長を優先して友好外交を維持する鄧小平路線を大きく変えたのが、2012年に登場した習近平でした。

習近平は毛沢東と並ぶ偉大な皇帝になろうとしています。そして中国の皇帝政治の常として、偉大な皇帝は対外征服を行なって、周辺地域と民族を支配下に置かなければなりません。

そこで習近平は「韜光養晦」戦略を終わらせ、鄧小平がつくり上げた経済力と軍事力を土台にして、再び侵略的な覇権主義路線に舵を切りました。そもそも「韜光養晦」とは、力のないときに被る仮面の一つであって、力を十分蓄えた以上、もう爪を隠す必要はないと判断したのでしょう。

習近平は、毛沢東が征服した新疆地域とチベットで少数民族の弾圧を強めています。この問題は胡錦濤政権時代にはすでに西側諸国から批判されていましたが、習近平政権になって弾圧は苛烈さを増しています。とくに新疆ウイグル自治区でのウイグル人弾圧はすさまじく、トランプ政権のポンペイオ国務長官は2021年1月、中国政府がウイグル人などのイスラム系少数民族に対し「ジェノサイド（大量虐殺）を行なっている」と認定しました。

また、南シナ海、東シナ海での覇権主義をむき出しにした行動もエスカレートしています。南シナ海の軍事拠点化を推し進める一方、東シナ海では尖閣諸島周辺の日本の領海を恣意的に侵犯しています。中国公船がこれほど頻繁に尖閣周辺の領海に侵入するようになったのは、習近平政権発足以後です。そして台湾併合を国家目標に掲げて台湾侵略の準備を着々と進める一方、台湾周辺で軍事演習を繰り返し、露骨に蔡英文政権を恫喝しています。

まさに毛沢東時代の侵略的覇権主義を受け継いで、さらに大きな規模でそれを展開しています。毛沢東と並ぶ偉大な皇帝になろうとする習近平こそ、日本を含めた周辺国家にとっての災いのもとであって、インド太平洋地域の平和と秩序を脅かす最大の脅威となっているのです。

それに対する西側の対中包囲網ができ上がったところで、プーチンによるウクライナ侵攻が起こりました。西側との対立を深めるロシアと中国が手を組んで、悪の枢軸としてさらなる災いを世界に、そして日本にもたらす恐れもあります。

中国国内に目を転じると、習近平は皇帝のごとき個人独裁を強めており、鄧小平の作った「２期10年」の最高指導者任期制限を２０１８年に廃した習近平は、２０２２年10月、第20回党大会で続投を決めたが、習政権の３期目となる、22年秋から27年秋までの５年間こそが、習近平政権が周辺世界にとって最も危険な時期になるのではないかと予想されます。

なぜなら、習近平がそれまでの２期10年間で「皇帝」としての独裁的地位を完全に確立したうえで３期目に突入したのだから、この３期目においてこそ彼は歴史に名を残す偉大な皇帝となるべく、「民族の偉大なる復興」の完遂に向かって動き出す可能性が高いからです。

そして、「民族の偉大なる復興」の完遂とは、彼がいうところの「祖国統一の達成」すなわち台湾併合です。したがって2022年秋以降、習近平政権の中国が武力による台湾併合に国力のすべてを傾ける可能性は大です。

もし習近平の中国が台湾海峡で戦争を発動すれば、日本周辺の平和は完全に破壊されてしまい、日本は否応なく巻き込まれて戦争に関わることになるでしょう。習近平という独裁者が日本と日本周辺の安全と平和にとっていかに危険な存在か、よくわかります。

中国問題を考えるときには、中国の二つの本質を理解する必要があります。

一つは、皇帝独裁の政治体制から永遠に脱却できないこと。

もう一つは、中華思想に基づく侵略的覇権主義という本性は変わらないことです。

2000年以上にわたって中国を支配してきたこの二つの毒が、習近平という独裁者に濃厚に凝縮されています。中国問題、習近平問題を考えるときには、常にその点に留意する必要があります。

第3章

野合と対立の中ロ関係史

斎藤 勉／石 平

「入国禁止」という勲章

石平　本章では、中華人民共和国の建国から現在に至るまでの中ロ関係について見ていこうと思いますが、その前にぜひ斎藤さんに申し上げたいことがあります——ロシアへの入国禁止、おめでとうございます（笑）。

２０２２年５月、ロシア外務省は日本人63人の無期限の入国禁止を発表しましたが、喜ばしいことに、そのリストに斎藤さんのお名前も含まれていました。このニュースを聞いた瞬間、どう思われましたか。

斎藤　まず思ったのは「入国禁止ではなくて、入獄禁止だろう」ということです。殺伐としたいまのロシアの土を踏むことは、「入国」というより「入獄」ではないかと思ったからです。それで「入獄なんかしたくないよ、俺は」と減らず口を叩いたりしました。

同時に、リストを見てたいへん名誉なことであるとも思いました。岸田文雄首相がリストの第1号で、私は48号でした。「鉄人48号」と誇れるほど私は強くありませんが、このリスト入りは誇らしく思っています。

しかも産経新聞からは４人も選ばれています。飯塚浩彦（現・会長）、近藤哲司（現・社長）、私、そして現役バリバリのロシア担当記者・遠藤良介（外信部次長兼論説委員）です。さらに自民党参議院議員・北村経夫さん（参院政府開発援助・沖縄北方特別委員会理事）は、かつて政治部長や論説委員などを務めた産経のＯＢです。

それから「正論」執筆メンバーの先生方もリストに名を連ねています。袴田茂樹さん（青山学院大名誉教授）、神谷万丈さん（防衛大教授）、それに櫻田淳さん（東洋学園大教授）の３人です。

合計すると産経新聞の関係者が８人です。63分の８というのは、なかなかな数字で、民間の組織としては最大です。リストにざっと目を通した瞬間、「これは産経新聞狙い撃ちだな」と思いました。ずっとクレムリンに可愛がられていないと、こうはならないですよ。

私は2回、モスクワ特派員をしていて、最初がソ連崩壊前後の5年半、2回目はプーチンが大統領になった最初の3年間で、都合8年半ほど赴任していました。その間、何度ロシア外務省に呼び出されたことか。そのたびに「この記事はなんだ！」「あなた方にそんなことを言われる筋合いはない！」と、激論を戦わせたものです。かくして「斎藤というのは、反ソ・反共・反動の権化だ。こちらが何を言っても、聞こうとしない」と、当局の覚えめでたきを得た次第です。

ただ今回、産経新聞が狙い撃ちされたことについて言えば、最大の要因は「正論路線」にあると思っています。じつはこの正論路線が２０２３年に50周年を迎えます。正論路線が始まったのは、奇しくも「入国禁止48号」の私が産経に入社した翌年の昭和48年（１９７３年）のことでした。

「正論路線」への積年の恨み辛み

斎藤　そもそも正論路線はソ連共産党批判から始まったわけですが、これには伏線となる大きな出来事がありました。発端は１９６６年に毛沢東が始めた文化大革命でした。日本の進歩派論壇が文化大革命を礼賛するなか、産経新聞の柴田穂（みのる）北京支局長は、街に貼り出される「壁新聞」を写しまくって丹念に読み込むことで、文化大革命の本質を見抜きます。

石平　当時の壁新聞には、けっこう文革の真実が書かれていたんですよ。

斎藤　そうなんですね。それで柴田は、「文化とは名ばかりで、文化大革命の本質は、毛沢東と走資派（資本主義に走る一派）との大権力闘争である」と喝破して、文革の真実を伝える原稿を連日連夜、送ってきました。しかし「真実の報道」に恐れをなした中国当局

壁新聞を読む人々（1967年）

によって、翌67年、柴田は国外追放となります。さらに朝日新聞を除く全国紙やブロック紙など数紙の特派員も、相次いで国外追放となりました。産経と同様、真実の報道をしたからです。

ところが産経以外の新聞社はその後、特派員を北京に戻し始めます。何があったかというと、中国側が条件とした「政治三原則」を受け入れることで、特派員の常駐を認めてもらったのです。その三原則とは、①中国を敵視してはならない、②二つの中国をつくる陰謀には加わらない、③日中国交正常化を妨げない、というものです。要するに「中国共産党の皆さん、悪うございました。もう二度とこのような真実の報道はいたしません」と一筆入れたようなものです。言論の自殺行為と言うしかありません。

一方、柴田は帰国後、「わたしは追放された」というタイトルのもと、中国共産党の体制悪を暴く大連載を始めます。このとき柴田本人は相当悩んだようです。この連載がまた中国側の逆鱗に触れ、結局、産経は追放後31年間も北京に特派員を置くことができませんでした。まあ、こちらとしても、「真実の報道」を放棄してまで北京に戻ろうとはしませんでしたが。柴田さんは、残念なことに、論説委員長を務めた後、1992年に61歳で亡くなりました。

ところで北京の報道拠点を失ったあと、産経がどうしたかというと、台湾を拠点として中国報道を続けました。じつは中国の実情を伝える情報が、いろいろな経路で台湾に漏れ出ていたのです。そのほとんどが裏情報でした。それらを活用することで、独自の中国報道を展開したわけです。表向きのことしか書けない北京にいるより、台湾を拠点にしてよかったと思います。その結果、辛口評論家の山本夏彦氏に「産経を見張っていなければ、中国事情はわからない」と評価していただくまでになったのです。

石平　「産経を見張る」というと、なんだか産経が悪いことをしているみたいですね。

斎藤　けっして悪い意味ではありません。「産経を見張る」というのは、たんに「産経を読む」ということではありません。「産経を丹念に読む」ということです。山本夏彦さんは産経を丹念に読んでくださっていたのです。そして、産経を丹念に読んでいれば、中国事情を知ることができると評価してくださったのです。われわれの報道に対する山本氏独特の賛辞だったと思います。逆に言えば、真実の報道を放棄して北京に特派員を置いている他紙を読んでも、中国事情はわからないということです。

こうした文化大革命下の中国共産党批判から、やがて産経の「正論」欄が生まれ、共産党独裁の体制悪と戦う「正論路線」がスタートしました。ただ「正論」が始まった1973年といえば、冷戦の真っただ中であり、その主役はアメリカとソ連でした。もちろん中国共産党批判を緩めたわけではありませんが、正論路線が主敵と見做したのは、やはり共産主義の総本山ともいうべきソ連共産党だったのです。

石平 たしかに当時はソ連が兄貴で中国は弟分という上下関係がはっきりしていましたね。いまはすっかり逆転してしまいましたが。それにしても、産経新聞は中ソ両大国によくぞケンカを売ったものですね。

斎藤 ソ連にしろ中国にしろ、共産党独裁の体制悪を叩くという方針で一貫して論陣を張ってきたのが正論路線です。これに対してロシアはずっと面白くなかったのでしょう。ソ連時代には歴代政権が産経新聞の特派員を呼びつけて文句を言ってきましたが、産経は手を緩めなかった。そして今回のウクライナ侵攻に対しても、産経の叩き方が一番きつかったのでしょう。

もっとも、うちとしては当たり前のことを言ったまでで、これを叩かない新聞なんてありえません。容赦なく徹底的にロシアを叩いた。これが逆鱗に触れ、溜まりに溜まった恨み辛みが爆発したのでしょう。

これが産経新聞が最大のターゲットに選ばれた理由だと思います。かくして無事選考試験を通って、めでたく勲章をいただいたわけです。

駐日ロシア大使との論争

斎藤　私個人についていえば、ロシア側の選考基準を突破して「入国禁止48号」に選ばれた要因として、一つ思い当たるふしがあります。ミハイル・ガルージン前駐日ロシア大使（2022年11月離任）と産経新聞の紙面で行なった公開論争です。ガルージン大使というのは、論争で日本人を言い負かせるほど日本語が堪能な人物です。

私は2019年1月24日の「九州正論懇話会」で、「プーチン政権はクリミア半島を奪い、ジョージアに侵攻するなど国際法違反をしている。民主国家だと言うが体質はソ連時代から変わっていない。北方領土については紛争ではなく、独裁者スターリンの指令による国家犯罪だ。日本のポツダム宣言受諾後、四島に入り込み、火事場泥棒的に強奪した」という趣旨の講演を行ないました。するとこの講演の紹介記事を読んだガルージン大使が、SNSを使って名指しで私に次のように反論しました。

「あなたは1945年に対日参戦したソ連を非難するのか。完全に合法的に行なわれた南クリール獲得を『犯罪』と呼ぶのか。あなたには歴史の教科書を開き、注意深く最後まで読むことをすすめたい。

そうすれば、第二次世界大戦時に日本がナチス・ドイツの同盟国であったことを思い出していただけるだろう。そう、日本は最も罪深い犯罪者であるヒトラー政権と同盟していたのだ。

ミハイル・ガルージン前駐日ロシア大使

このヒトラー政権によって、ユダヤ人ホロコーストは行なわれ、何百万という ロシア人、ベラルーシ人、ウクライナ人、ポーランド人、フランス人、その他多くのヨーロッパの国民が命を奪われ、『死の工場』と呼ばれた強制収容所が作

られ、ロシアを含むヨーロッパの何千という街が破壊されたのである。（中略）
斎藤さん、あなたはこのことを忘れてしまったのだろうか。戦争当時、日本の指導部が誰を支持していたのか、知らないとでも言うのだろうか。しかしわれわれはすべて覚えているし、知ってもいる。そしてあなたのような人にとっても、当時の日本の行ないについて悔い改めるにはまだ遅くはないと考えているのである」（2019年2月1日付のフェイスブックより）
いまでも読んでいて、だんだん興奮してきました（笑）。このガルージン大使の反論に対して私は同年2月8日付の紙面で、以下のように再反論しました。
「スターリンの直接指令でソ連軍は1945年8月、日ソ中立条約を一方的に破って対日参戦し、日本が降伏後に丸腰の四島に侵攻して占領した。これが『犯罪』でなくて何なのか。国家犯罪はおろか『領土不拡大』を明記した『大西洋憲章』に違反する『国際犯罪』でもある。
大使は日本がユダヤ人ホロコースト（大虐殺）を行なったナチス・ドイツと同盟国だったことを私への反論の唯一の材料として持ち出しておられる。この関連付けがまったく理解しかねる。
ヒトラーは『最も罪深い犯罪者』だが、スターリンは違うと言いたいのか。『同盟国』

ゆえに日本もナチスと同じ犯罪者だというのか。逆にお聞きしたい。日本はいつ、どこで、いかなる『ホロコースト』をしたというのか。

大使ご指摘の『死の工場』といえば、シベリア抑留の残虐非道はどう説明されるのか。戦後、日本の支配地域から『ダモイ（帰国する）』とだまされて60万人もの日本人が酷寒の地へ拉致され、奴隷労働同然に酷使されて6万人（数字はいずれも未確定）もが無念の死を遂げた。じつは私の亡き父親も辛酸を嘗めた抑留者である。

第二次世界大戦中、ロシア西部でポーランド将校ら2万人余が虐殺される『カチンの森事件』が起きた。スターリンは一貫して『ナチス・ドイツの仕業』と世界に大ウソをつき続けたが、ポーランド政府の粘り強い真相解明の国際的訴えかけでゴルバチョフ時代、ついに『スターリンの犯罪』と認めさせた。

ガルージン閣下にもぜひ、幅広く世界の歴史教科書をお読みいただくことをおすすめしたい」

この一連のロシア批判とガルージン大使への再反論が、私がロシアの選考試験に合格し、晴れて「入国禁止48号」という栄誉を賜った最大の理由ではないかと思っています。

石平　いまお話をうかがってよくわかったのは、かつて中国から排除され、今回ロシアから制裁を受けた日本のマスコミは、産経新聞だけだということです。逆に、まあ具体名は出すまでもないでしょうが、中国に歓迎されている新聞もあります。それらの大新聞は中国から制裁を受けたことはないし、ロシアからも制裁を受けていない。

これはわれわれ一般読者からすれば、非常にわかりやすい。つまり、産経新聞は信用できるということです。少なくとも中国、ロシアに関しては本当のことを言っている。しかも本質を言い当てている、真実を衝いている、ということです。

蜜月から対立、そして再び蜜月へ

石平　斎藤さんのお話で興味深かったのは、文化大革命が権力闘争であるといち早く見抜いたのが、産経新聞だったという点です。私があとになって読んだ資料では、日本の知識人の中には、文化大革命を文字通り古い文化に対する素晴らしい革命だと絶賛していた人が数多くいたようですね。しかし彼らが文化大革命を絶賛している間に中国では、何千万の人々が殺されたり、死に追い込まれたりしていたのです。

その文化大革命の嵐が吹き荒れていた1960年代後半というのは、おそらく中ソ関係が最悪の状態に陥っていた時期だと思います。62年生まれの私が物心がついた頃には、ソ連が中国にとっての最大の敵でした。69年3月には、中ソ国境の川（ウスリー川）にある珍宝島（ロシア名ダマンスキー島）の領有をめぐって、中ソの軍事衝突も起こっています。

しかし考えてみれば、そもそも１９２１年の中国共産党結成を主導したのは、ソ連共産党が組織したコミンテルンでした。彼らが中国共産党をつくり、育てたわけです。その中国共産党が１９４９年、中華民国政府を追い出して天下を取りました。中華人民共和国の建国です。

これ以後、中国共産党の外交政策はソ連一辺倒（向ソ一辺倒）となります。建国翌年の１９５０年にはソ連と軍事同盟を結んで、中国が社会主義陣営に属することを鮮明にします。さらに同年、金日成（キム・イルソン）がスターリンと毛沢東の支持を得て朝鮮戦争を始めると、中国も参戦してアメリカと戦います。西側から断絶し、東側の世界に完全に入ったのです。こうして中ソ蜜月の時代が、建国後しばらく続きました。

しかしその後、中ソの共産党は大喧嘩をして対立の時代に入ります。両国は不倶戴天の敵となって、先ほど言ったように60年代末には国境での軍事衝突まで起こします。この中ソ対立を利用してソ連を牽制しようと、アメリカは米中対立から和解に方向転換します。それが１９７２年のニクソン訪中です。これを機に中国は西側に接近する道を歩む一方、ソ連はアメリカとの冷戦を続け、やがて崩壊に向かいました。

ごく単純化して言えば、中ソはこのような接近と対立の歴史を歩んできました。そうして、ソ連はもう存在しませんが、いまの中ロ関係は、再び接近へと向かっています。あとで斎藤さんと議論を深めていきたいのですが、ひょっとしたら、朝鮮戦争のときのように、再び中ロが悪の枢軸として手を組んでしまうかもしれません。

斎藤さんはこの中ソ関係、中ロ関係の歴史の顛末をどういうふうに見ていますか?

斎藤 いまのプーチン・習近平関係というのは、第二次中ロ蜜月だと言えます。第一次はもちろん、おっしゃったように、毛沢東とスターリンの蜜月であって、それを現在のボスがそっくり真似ているようなところがありますよね。

石平 なるほど、おっしゃるとおりです。

斎藤 プーチンはスターリンを尊敬というか、崇拝していて、習近平はまさに毛沢東になろうとしている。なろうとしているという面では、習近平のほうが、よりなりたいでしょうね。

第一次中ソ蜜月時代

斎藤 歴史の原点にもう一回、戻りますと、おっしゃったように、1949年10月1日に、毛沢東があの天安門の上から、中華人民共和国の建国を宣言しました。それから2カ月経って、彼は初めてスターリンに会いに行くんですよ。

49年12月の半ばですけど、何のために行ったかというと、スターリンの70歳の誕生日を祝う式典に参加するためです。

じつはその2年ぐらい前、権力を掌握する前から、毛沢東はもうスターリンに会いたくて、会いたくてしょうがなかった。自分の権威づけのためです。それで、あなたにお会いしたいというラブレターを何回も送るんですよ。

石平 えー、そうなんですか。

斎藤 でも、なかなか会えなかった。やっと権力を握り、中華人民共和国という共産国家を樹立したところで、じゃあというので、ようやく呼んでくれたんですね、70歳の誕生日に。それで、毛沢東は馳せ参じるわけです。

49年12月16日、特別列車でモスクワに着いた毛沢東は、クレムリンに直行すると、「ご招待を感謝致します。偉大な世界革命の教師にお目にかかれて大変うれしゅうございます」と、土下座せんばかりに辞を低くしてスターリンにすり寄ります。

12月21日の誕生日当夜に開かれた祝賀式典でも、並み居る来賓の中で最初の演説者という栄誉を与えられた毛沢東は、「スターリン同志は全世界の人民の教師であり友人でもあります。中国人民が抑圧者との闘争で常に深甚かつ痛切に感じてきたのは、スターリン同志の友情の重要さであります。中国人民と中国共産党の名において、スターリン同志の70歳の誕生日を祝福し、健康と長寿を願うものであります」と、スターリンを思い切り持ち上げています。この式典こそ、スターリンの個人崇拝の絶頂をなすものでした。

毛沢東はこのとき、2カ月もモスクワに逗留し、その間、公式、非公式合わせて十何回もスターリンと首脳会談を行なっています。会談の中で、チベット問題にまで論議が及んだこともありました。

毛沢東が、チベット攻撃を準備していると伝えると、スターリンは「チベット攻撃を準備しているとは結構なことだ。チベット人は服従させねばならない」と答えたといいます。共産主義の独裁者というのは、他国の領土は奪って当たり前と考えています。人の命も奪って当たり前、人命なんて、なんとも思っていません。

2カ月逗留して、毛沢東が最後に何をやったかというと、先ほど石平さんも言われたように、軍事同盟を結びます。それが1950年2月に調印された中ソ友好同盟相互援助条約です。条約名に「相互援助」という言葉が付くと、軍事同盟を意味します。軍事同盟を結んだことで、中ソは本当の意味で蜜月の時代を迎えたといえます。

スターリン批判に反発した毛沢東

斎藤　しかし、中ソ蜜月は長くは続きませんでした。１９５３年3月5日にスターリンが死ぬと、権力を掌握したニキータ・フルシチョフ第一書記が１９５６年2月のソ連共産党第20回大会で、スターリンが行なった大粛清や大弾圧、過度の個人崇拝などを痛烈に批判します。

このスターリン批判は秘密報告でしたが、内容はすぐに世界中に広まります。毛沢東は、わが師と仰ぐスターリンを批判したフルシチョフに反発、ここからイデオロギー論争が生じ、さらに中ソの対立が先鋭化していきます。

石平　中ソの蜜月時代は、実質7年ほどで終わったということですね。

斎藤　そのくらいですね。軍事同盟の中ソ友好同盟相互援助条約も対立が表面化して以降は形骸化し、条約自体はまだ残っていたけれど無効となって、１９８０年に自動失効します。

石平　スターリン批判になぜ毛沢東が反発したのかというと、フルシチョフの批判に毛沢東が非常に大きな危機感を抱いたからだと思います。というのは、毛沢東はスターリンになりたいわけで、実際に大粛清や大弾圧、大量殺戮、個人崇拝などスターリンがやったことを毛沢東もやっている、あるいはやろうとしているからです。それも、ときにはスターリン以上の苛烈さで。

もしスターリンに対する批判が成り立つならば、次は中国国内で、自分に対する批判も起きてくる可能性がある。毛沢東はそれを恐れたのではないでしょうか。

もう一つ、中国とソ連の指導者というか共産主義の指導者には、自分より強い者がいると自分は奴隷のように従うが、いったん自分より強い者が消えたならば、今度は自分が親玉にならなければならない、と考える傾向があります。

実際、生前のスターリンは毛沢東にとって絶対の存在であり、毛沢東は朝貢するように、クレムリンにやって来て、スターリンにひれ伏しました。しかし、スターリンが死んだ以上、スターリンの弟分である自分が、社会主義陣営の親玉でなければならない——毛沢東がそう考えたとしても、不思議はありません。

これは裏社会の人間関係にたとえると、わかりやすいかもしれません。スターリンは社会主義陣営という一門を束ねる「親分」で、毛沢東はその「弟分」を自任していました。かたやフルシチョフのようなソ連の新しい指導者たちは、毛沢東からすればスターリンの「子分」にすぎません。つまり、俺（毛沢東）は、子分（フルシチョフ）のお前たちから見れば、「叔父貴」にあたる。親分亡き後は、叔父貴の俺が、一門（社会主義陣営）を取り仕切る——毛沢東はそういう気分だったのではないでしょうか。

斎藤　毛沢東は、「叔父貴の自分が親玉にならなければいけない」と考えたわけだ。

石平　ええ。「たかが子分のお前が、叔父貴の自分を差し置いて大きな顔をするな」というのが、フルシチョフに反発した毛沢東の本音だったのかもしれません。感覚は、ヤクザとほぼ同じです（笑）。

斎藤　いやあ、ほんとにおっしゃるとおりです。共産党独裁政権というのは、ある意味、暴力団ですから（笑）。

「中国人が３億人死んでもいい」

石平　当時、ソ連はいわゆる社会主義陣営を束ねる盟主でした。生前のスターリンは、社会主義陣営のいわば親玉でした。スターリンの死後、毛沢東はその親玉になろうとしたのです。

毛沢東は生涯に二度、ソ連に行っています。一回目は斎藤さんが言われたように、１９４９年12月、スターリンの70歳の誕生日のお祝いに行きました。それで二回目は、スターリンが死んだあとの1957年11月、モスクワで開かれた社会主義陣営の首脳会議に出席したときです。

斎藤　ああ、ありましたね。

石平　毛沢東はこの社会主義陣営の首脳会議で、自分が親玉になるために、とんでもない発言をしています。それがのちに暴露されたのですが、ぜひ世界中の人に聞いてもらいたい。それは次のような趣旨の発言です。

「われわれ社会主義陣営は西側、アメリカと全面戦争をやらなければならない。われわれは資本主義を全滅させて、社会主義、共産主義による世界統一を果たさなければならない」

しかし、どうやってアメリカを滅ぼすのか――。毛沢東は提案します。

「われわれはアメリカに戦争を仕掛けて、アメリカ軍全部を中国本土に引き寄せる。そこでソ連にお願いしたい。中国に入ったアメリカ軍に対して、核攻撃をしてください。これで米軍は全滅する。当然、中国人もおそらく3億人は死ぬだろう。しかし大丈夫。10年経ったら、また4億ぐらい増えるだろう。だから安心してやってほしい」

毛沢東の腹づもりとしては、そこまで公言したら、おそらく中欧・東欧の共産主義国家の指導者がみんな敬服し、自分に従うような権威を樹立できるに違いない、と考えたのでしょう。しかし、まったく反対の結果となりました。当時の記録では、ハンガリーや東ドイツの共産党の指導者は毛沢東の話を聞いて、みんな凍りついたといいます。

斎藤 恐ろしくなって、みんな言葉を失ったわけだ(笑)。

石平 全員、ドン引きです。いくら社会主義陣営の首脳でも、自国民が3億人死んでも構わないという人物を尊敬し、自分たちの盟主と仰ぐはずがありません。毛沢東の目論見は失敗に終わりました。

斎藤 東ヨーロッパの国々は、いくらスターリンに支配されたとはいえ、過去に民主主義的な経験がありますから、「あっ、この独裁者はダメだ」と、一発で嫌われますよ。それがわからなかったのは、毛沢東があまりにも民主陣営の歴史を知らなかったということだと思います。

石平 中国に戻った毛沢東は、ソ連に代わって社会主義陣営の親玉になるには、経済力でソ連に追い付かなければいけないと考えました。当時の中国の経済力はあまりに貧弱でした。これでは親分としての面子(メンツ)が立たない、というわけです。そこで1958年から毛沢東が急いで推進したのが、「大躍進運動」です。しかし、これも数千万人の餓死者を出して、大失敗に終わります。

けた外れの大量殺人者

石平 毛沢東時代の内政というのは、単に国内だけの問題ではなく、中ソ関係と密接な関係があるんですよ。要するに毛沢東は、スターリンに取って代わって、社会主義陣営の親玉になりたくてしょうがない。そこで無理をして朝鮮戦争に参戦したり、大躍進運動をやったりしたけれど、全部、失敗に終わって、結局、実権を劉少奇一派に取られてしまいます。その劉少奇一派を潰して権力を取り戻すために、今度は文化大革命をやってしまう、という具合です。そして毛沢東が何かやるたびに、膨大な数の中国人が死んでいるのです。

斎藤 そう、要するに、スターリンと毛沢東の最大の罪は何かというと、本人は罪だと思っていないんだけれど、何千万という自国民を殺したことです。

石平 そのとおりです。

斎藤 第二次世界大戦をロシアでは「大祖国戦争」といいます。第二次世界大戦なんていう、やわな言葉は使いません。ちなみに「祖国戦争」が何かというと、1812年のナポレオン戦争のことです。民衆がみんなして祖国を守ったということで、こう呼ばれています。

その大祖国戦争では、軍民合わせて２７００万人死んでいます。ドイツの対ソ開戦を警告する情報をことごとく無視するなど、度重なるスターリンの戦争指導の失敗ゆえです。２７００万人といえば、一番多かった頃の北朝鮮の人口に匹敵します。北朝鮮一国が消えてなくなるほどの死者を出したのです。

その前に大粛清もありました。自分に反対する者、反対しそうな者、全然反対していないけれども気に食わない者、それらすべてに「人民の敵」というレッテルを貼って、片っ端から殺していきました。これが、よくわからないんですよ、何千万なのか。２０００万という説もありますが、いまだにきちんと暴かれてはいないんです。プーチンがＫＧＢ文書をすべて公開すれば、はっきりした数字が出てくるでしょうが……。

２０００年、私が2回目のモスクワ特派員になったとき、『スターリン秘録』という本を書いていたのですが、そのときにプーチンがＫＧＢのアルヒーフ（公文書館）を閉めてしまいました。それで、もうほとんどＫＧＢ文書を見られないので、新しい本を買い漁ってきて、やっと書けたような次第です。というのは余談ですが、要するに何千万という国民をスターリンは殺しています。

そして毛沢東もいまおっしゃったように大躍進で、何千万という国民を餓死させました。さらに文化大革命でも、大変な数の犠牲者が出ています。

石平　文化大革命の間にも、何千万の人々が命を失ったといいます。両方合わせたら、おそらく1億人に達するんじゃないでしょうか。

斎藤　1億……。もう死者の数がべらぼうなんですよね。一国が消滅するほど殺しているわけです。そして、ちょっと先回りして言ってしまいますが、その伝統を受け継いでいるのが、習近平であり、プーチンです。彼らは、人を殺すことを何とも思っていない。

だからウクライナでロシア軍がやっているあの残忍な殺し方を、プーチンは何とも思っていない。プーチンはいままでいろいろな戦争をやってきましたが、そこで繰り返されてきた残忍な殺人も、何とも思っていません。人を殺すのは、KGBの一つの役目でしたから。

国家保安委員会、秘密警察というのは、中国もまったく同じですが、人を虫けら同然に思っています。特権階級の自分たちさえ生き残ればいいんですよ、あの共産党独裁政権というのは。自分たち特権階級のために寄与するのが共産党独裁政権です。それは共産党の幹部さえ生き残ればいいといういまの金正恩（キム・ジョンウン）を見れば、よくわかります。

大武装し、大秘密警察をつくり、自分たちをハリネズミのように守る体制をつくって、生き残っているわけですね。それがいまのプーチンであり、習近平であり、金正恩です。

石平　現在のプーチン、習近平、金正恩という独裁者が、スターリン、毛沢東の後継者として、同じメンタリティを持っているというのは、まったくそのとおりだと思います。

そこで時代を戻して言うなら、毛沢東とスターリンは、一心同体というか、以心伝心というか、心の根っこの部分で完全に通じ合っています。行動にも共通点が多い。大粛清がそうですし、周辺民族に対する弾圧、虐殺もそうです。旧ソ連も周辺民族にメチャクチャなことをやっていますよね。

斎藤　毛沢東がチベットを攻めたいと言えば、スターリンは「やれ！　やれ！」と焚きつける。おっしゃるように以心伝心、心が通じ合っていますね。

石平　たとえば1930年代の初めにスターリンが起こした人為的大飢饉「ホロドモール」が有名です。「階級敵・富農」の抹殺と外貨獲得のためにウクライナの穀物を強制的に徴発して輸出に回したことから大飢饉が発生し、穀倉地帯であるにもかかわらず数百万人のウクライナ人が餓死しました。

毛沢東も周辺民族、少数民族の弾圧や収奪を繰り返しています。たとえば新疆地区で何をしたかというと、核実験です。中国は漢民族の地域では核実験をしません。すべて新疆で行なっています。地元ウイグル人への深刻な健康被害が海外メディアなどによって報告されていますが、中国当局は核汚染を否定しています。チベットでも、虐殺と文化の破壊を延々とやっています。

このスターリンと毛沢東が手を組んで、東アジアで現状の変更に乗り出したのが朝鮮戦争です。ソ連と中国の同意と支援がなければ、北朝鮮の金日成（キム・イルソン）は韓国侵攻に踏み切れなかったでしょう。

斎藤　金日成にスターリンがやれと言ったんですね。そして毛沢東も支持した。中国もスターリンにけしかけられて、人民解放軍を「義勇軍」に偽装して参戦しています。

石平　1950年6月から53年7月までのおよそ3年間続いた戦争で、諸説ありますが、韓国も北朝鮮も軍民合わせて100万単位の死者が出ています。さらに中国軍がおそらく100万人、アメリカ軍はだいたい5万人が戦死したと見られています。

これだけの犠牲者を出して3年間戦いながら、結局、開戦前の境界線である38度線が停戦ラインとなったわけで、戦争前の状況と何も変わりませんでした。張本人のスターリンは、停戦前の53年3月5日に死亡しました。

スターリンが北朝鮮の指導者候補を面接試験

石平　中国共産党をつくり、支援して育てたのはソ連でした。そして北朝鮮も、ある意味、ソ連がつくったようなものです。

斎藤 いや、「ある意味」じゃないです。文字通り、一からソ連がつくったんですよ。

石平 一からつくった？ それはどういうことですか。

斎藤 大戦末期の1945年8月9日、日本に宣戦布告したソ連は朝鮮に侵攻し、日本が降伏文書に署名する9月2日までに38度線の北を占領、以南を占領したアメリカと対峙します。

ソ連は対日参戦前から日本の降伏後、ソ連の傀儡政権を朝鮮につくる場合に備え、指導者に据える人物を物色していました。そして44年、ソ連側のお眼鏡にかない、指導者候補の1人と見做されたのが、金日成でした。

金日成は41年から45年まで、ハバロフスク郊外で、ソ連極東方面軍歩兵第88旅団で大尉として、日本との戦闘準備に備え、偵察活動に従事していました。日本の敗戦直後、平壌に戻された金日成は45年10月、「朝鮮解放祝賀集会」で会場を埋め尽くす人々の前で、「朝鮮人の英雄・金日成」と紹介されます。ところが会場からは、「金日成がこんなに若いはずがない」という疑念の声が噴き出します。

「金日成」というのは、もともと「白頭山の虎」の異名を持つ抗日パルチザンの伝説的英雄の名前です。スターリン指導部は、北朝鮮国民の支持を得るために、この英雄とはまったく別人の「金成柱（キム・ソンジュ）」という若い男を「金日成」に仕立てて、国民の前に登場させたのです。金成柱は第88旅団の頃から金日成を名乗っていたといいます。

石平　いまの金正恩の祖父が、じつは金日成ではなく、金成柱だったということですか。

斎藤　そう、金日成に仕立て上げたんです。ちなみにいまの金正恩の父親、つまり金日成の長男で二代目の最高指導者となった金正日（キム・ジョンイル）の出生地は、公式には白頭山とされていますが、実際はソ連のハバロフスク州生まれで、子供の頃、近所の子供たちの間では「ユールカ」というロシア名で呼ばれていました。「ユールカ」というのは「ユーリ」の愛称です。

「自分たちの知っている英雄の金日成にしては若すぎる」という人々の疑念については、ソ連軍政当局がいろいろ手を尽くしてもみ消したようです。

北朝鮮の人々の前に英雄・金日成がお目見えした翌年の46年2月、北朝鮮臨時人民委員会が成立し、金日成がソ連軍政当局の後押しを受けて、委員長に就任しました。そして同年7月、金日成はスターリンに呼ばれて極秘裏にモスクワに飛びます。このモスクワ行きにはもう1人、南朝鮮労働党党首の朴憲永（パク・ホニョン）も同行しました。

スターリンは金日成、朴憲永のいずれを北朝鮮の指導者にするか品定めをするために、2人をモスクワに召喚したのです。クレムリンで2人に会ったスターリンは、金日成を北朝鮮の最高指導者に指名しました。

スターリンのお墨付きを得た金日成は、同年8月、北朝鮮労働党の副委員長となり、48年9月9日に朝鮮民主主義人民共和国が建国されると、首相に就任します。さらに翌49年6月、北朝鮮労働党と南朝鮮労働党が合同して朝鮮労働党が発足すると、金日成は委員長に選出されました。

ちなみに朝鮮労働党の副委員長に就任したのは、スターリンによる面接試験で金日成に敗れた朴憲永でした。朴憲永はその後、副首相兼外相を務めますが、53年3月に逮捕され、56年12月、「アメリカ帝国主義のスパイ」として死刑判決を受けて処刑されました。

また、1919年3月1日の抗日独立蜂起（三・一独立運動）の指導者で、北朝鮮の人々の間で広く「新指導者」と目されていた曺晩植（チョ・マンシク）は50年10月、「日本のスパイ」として、射殺されています。

金日成は政敵を排除して、独裁体制を強固にしていきます。さすがスターリンの面接試験に合格しただけのことはあります。スターリンというのは、そういうところを見る目はあるんですよ。

石平 なるほど、北朝鮮という傀儡国家も、金日成という指導者も、きわめて計画的にソ連がつくったわけですね。

斎藤　こうして独裁政権の一番悪いところを凝縮したような体制がつくられて、いまの金正恩に至っているわけです。

朝鮮戦争を引き起こしたスターリン、毛沢東、金日成の３人は当時、「世界の三悪人」、あるいは「悪の三兄弟」とでもいうべき存在でした。

石平　ただ、スターリンは休戦前の１９５３年に死去しました。あと10年生きていたら、世界は変わっていたかもしれませんね。

斎藤　全然違っていたのではないでしょうか……もちろん、悪いほうに。

石平　そう思います。いずれにせよ長男がいなくなって、あの「三兄弟」の時代は終わりました。気になるのは、いまの三兄弟です。

斎藤　危ないですね。あのときと同じような状態が起きようとしているのではないでしょうか。

石平　朝鮮戦争の頃と状況は似ていますね。プーチン、習近平、金正恩が手を組んで、東アジアで力による現状変更を企てる危険はないのか、気になります。

斎藤　それに日本の政治家の多くは気づいていないんですよ。

石平　日本の安全保障については章を改めて議論したいと思いますが、ここで一つ指摘しておきたいのは、次は日本がターゲットになるかもしれないということです。朝鮮戦争当時、例の三兄弟が何をしたか――歴史を知れば、日本がいま置かれている立場がどれほど危ないか、よくわかります。しかし、そのことに対する日本国内の認識は、非常に薄いと言わざるをえません。

「ロシアの敵をナチスにしてしまえ」

石平　ソ連という国は、歴史的にすごく大きな罪をいくつも犯しています。まず一つがコミンテルンをつくって、世界中に共産主義と革命を広げたことです。失敗した例もあれば、成功した例もある。日本共産党もコミンテルンがつくりました。

東アジアでは、ソ連が中国共産党という悪魔の政党をつくって育て、朝鮮半島に金一族の独裁政権を樹立させました。

ヨーロッパでは、実質上、ソ連とナチス・ドイツが組んで、第二次世界大戦を引き起こしました。最初はスターリンがヒトラーの戦争を後押ししたんですよ。安心してやれと。じつはプーチンと習近平の関係も、これと似ています。結果的にソ連が攻められて、ヒトラーと戦ったわけですが、正義の戦争でも何でもありません。

斎藤　おっしゃる通りです。ソ連とナチス・ドイツの関係、スターリンとヒトラーの関係を、ロシアの嘘も含めて、しっかり理解しておく必要があります。

先ほどガルージン前駐日ロシア大使と私の論争についてお話ししましたが、北方領土問題でロシアの不当性を論じた私が、なぜヒトラーのホロコーストを持ち出して責められるのか、多くの日本人は理解に苦しむと思います。

しかし、ロシア側には今回のウクライナ戦争でもさんざん利用している魔法の杖がありります。それは、「敵をナチスにしてしまえば、ロシアが何をやっても許される」というペテンです。これが、ロシア国内では通用するのです。

ロシア人のいう大祖国戦争では、2700万人のロシア人が殺されました。スターリンの責任も大きいのですが、殺したのはドイツ軍でありヒトラーです。したがってロシア国民はみんな、心の底からヒトラーを憎んでいます。それで「いまウクライナでナチスが昔と同じことをしている」とプーチンに言われると、国民のほとんどは信じるんですよ。

もちろんプーチンが言っていることは嘘っぱちです。しかし、特に私のように70歳を越えた人たちは、家族や親戚に独ソ戦の犠牲者が1人はいるものです。そうすると、「えっ、またナチスが現れたのか。じゃあ、やっつけてくれなきゃ困る」と支持が高まるのです。

実際、戦争を始めてもプーチンは70～80％の高い支持率をキープしています。

だから、プーチンは「ネオナチがわがロシア人同胞をいじめている。大量殺戮を行なっている。同胞を保護しなければいけない」と大嘘をついて、まんまとウクライナに侵攻したわけです。一方、ガルージン大使が私に「あなたは日本がナチス・ドイツの同盟国だったことを忘れてしまったのか」と難癖をつけたのも、言いがかりの根っこはまったく同じです。

つまりロシアのプーチン政権では、プーチンに逆らう勢力はすべて「ナチスにしてしまえ」というコンセンサスが、外交官に至るまで、できていたのです。

2019年の論争では、なぜこんなとんでもないところから弾(たま)が飛んでくるんだろうと不思議に思いました。北方領土とナチスのホロコーストがどう関係するのかと。

しかし、「敵をすべてナチスにしてしまえ」というコンセンサスがプーチン政権でできていたのだとすれば、「日本はホロコーストをやったヒトラーと同盟を結んでいたのだから、われわれが北方領土を奪っても、60万人を拉致してシベリアに抑留し6万人を殺しても、すべて許されるのだ。ヒトラーと同盟していたほうが悪いんだ」という屁理屈が駐日大使から出てきたことも腑に落ちます。

ガルージン大使は、「日本とナチス・ドイツは同盟を結んでいた」という事実から、「日本とナチスは同罪」という虚構をでっち上げたのです。

しかも大使は、岸田文雄政権がウクライナ侵略に対するG7の経済制裁に同調したことについて「日本は100年も経たない間にヒトラーのナチス・ドイツとネオ・ナチと2度もナチスを支持した」と口走ったのです。ひどい話ですよ。これに対し、河野太郎元外相は「恥を知れ！」とSNSで一喝しました。当然です。

第二次世界大戦の開戦責任を回避するプーチン

斎藤　この「敵をナチスにしてしまえば、ロシアが何をやっても許される」というプーチンのペテンには、もう一つ重要な問題が隠されています。それは、「第二次世界大戦の開戦責任がソ連にもある」ことをロシア国民に知られれば、その神通力が失われてしまうということです。おそらくプーチンはそれを最も恐れていると思います。だからプーチンはソ連の開戦責任を回避しているのです。

先ほど第二次世界大戦のことをロシアでは大祖国戦争というと述べましたが、厳密には1941年6月22日、ドイツ軍が攻めてきて始まった独ソ戦を大祖国戦争といいます。「ナチス・ドイツがソ連に攻めてきた。われわれは結束してヒトラーと戦い、祖国を守らなければならなかった」というのが、大祖国戦争です。

一方、1939年9月1日、ドイツ軍がポーランドに侵攻して始まったのが、第二次世界大戦です。当時、ソ連でも第二次世界大戦という言葉が使われています。石平さんが言われたように、この第二次世界大戦はそもそもヒトラーとスターリンの野合によって引き起こされたものです。

1939年8月23日、ナチス・ドイツとソ連の間で独ソ不可侵条約が締結されます。両国の外務大臣の名前をとって、モロトフ＝リッベントロップ条約ともいいます。両国は互いに攻撃しない、一方が第三国と交戦状態に入った場合、他方は中立を守るといった内容のごく普通の相互不可侵条約です。

しかしこの条約には、秘密議定書が付いていました。それは東欧における独ソの勢力範囲を勝手に決めるというとんでもないもので、ポーランドについては西側三分の一をドイツが、東側三分の二はソ連がそれぞれ占領することに合意しています。

この秘密議定書に基づいて同年9月1日、ドイツがポーランド西部に侵攻を開始すると、3日にはポーランドと相互援助条約を結んでいたイギリスとフランスがドイツに宣戦布告しますが、9月17日にはソ連がポーランド東部への侵攻を開始し、ポーランドは独ソに分割占領されてしまいます。ポーランドという独立国は消滅しました。

これが第二次世界大戦の発端です。つまり、第二次世界大戦はヒトラーとスターリンが密約に基づいて、私に言わせると野合して起こしたのです。それを世界は知っています。

日本の教科書にも書いてあります。ところが、ソ連の教科書には書かれていません。開戦の責任をなんとしても回避したいというのが、プーチンの願いなんですよ。

ロシアで語られるのは、「1941年6月22日、ヒトラーが独ソ不可侵条約を一方的に破ってソ連に攻めてきた。わが国は2700万人の犠牲者を出しながらも、この大祖国戦争でドイツ軍を撃退し、祖国を守り抜いた。ドイツに勝利したソ連はヨーロッパをファシズムから解放した」という歴史観です。

石平　その歴史観はまったくのデタラメです。簡単に言えば、ソ連というマフィアとナチス・ドイツというマフィアが最初、手を握って、ポーランドという弱者を挟み撃ちにして「消した」わけで、当初、スターリンとヒトラーは完全にグルです。

ヒトラーがヨーロッパに対して侵略戦争を始めたときは、ソ連との不可侵条約があって、背後に何の心配もないから、もう安心してフランスに攻め込んでいます。しかしイギリス攻略がうまくいかなくなったので、それなら今度は東を攻めよう、ということでソ連とナチス・ドイツというマフィア同士の抗争が始まった、それだけの話です。ソ連の対独戦が正義の戦争だったとか、ヨーロッパをナチズムから解放したとか、事実はそういうことではありません。

斎藤　そう、第二次世界大戦の開戦に関しては、スターリンとヒトラーは間違いなく共犯者です。ところが2021年7月、ロシアで第二次世界大戦に関する旧ソ連とナチス・ドイツの行動を同列に扱うことを禁じる新法が発効しました。

新法は「演説や著作物、メディア、インターネット上でソ連とナチスの目標、決定、行動を同一視すること」を禁止する内容です。法制定はプーチン自身が主導し、今後、罰則も定められる見通しだと報じられています。もちろんプーチンは、スターリンとヒトラーがグルだったことは百も承知です。わかっているからこそ、何が何でも事実を封印しようとしているのです。

西側との関係回復に救われた中国

石平 話を中ロ関係に戻しますと、1953年3月5日にスターリンが死に、56年にフルシチョフのスターリン批判が公になると、中ロの対立が表面化します。毛沢東とフルシチョフの主導権争いで、社会主義陣営の内部で分裂が始まったのです。もしスターリンが生きていたら、この分裂は起きていなかったでしょう。スターリンの親分としての地位は不動のものですからね。

いずれにせよ毛沢東がソ連指導部と争って、社会主義陣営に分裂が起き、中ソ対立が深刻化して、１９６０年代末には国境紛争にまで発展します。そこにアメリカが乗り出して中国を籠絡し、米中が和解してソ連と対抗するという構図ができ上がります。その道筋をつけたのが１９７１年、極秘裏に訪中したキッシンジャーであり、米中和解を実現したのが１９７２年のニクソン訪中でした。その頃、斎藤さんは何をされていましたか。

斎藤　72年というと、ちょうど産経に入った年、新聞記者になった年です。

石平　当時、ニクソン訪中は日本でもすごい衝撃だったんですか?

斎藤　私は事件記者になったばかりで、ニクソン訪中の意味するところがよくわかりませんでしたね。水戸支局にいて、もう毎日、殺人事件やら強盗事件やらを追いかけていましたから。最初の4年間は、新聞記者としてそういうヤクザなことをやっていました。

石平　最初は日本のヤクザ相手に仕事をして、その後は世界のヤクザを相手にしていたんですね。

斎藤　いや、ほんとに共産党独裁体制というのは、暴力団の親分だと思っていいんですよ。国際法は破る。人は平気で殺す。ほかの国を平気で侵略する。脅して無茶な要求を通す。ヤクザと同じです。

石平　２０２２年はこのニクソンの訪中から50年でした。田中角栄首相の訪中も同じ72年です。50年前、アメリカはソ連に対抗するため、外交政策を大転換して、中国を自分たち

歓迎夕食会で田中首相に料理を勧める周恩来首相(1972年9月25日、人民大会堂にて)

の陣営に引っ張ってきたわけです。

これが中国にとってはある意味、救いの手になりました。スターリンの死後、毛沢東は社会主義陣営の盟主になろうとしたけれど失敗して、大躍進政策も悲惨な結果に終わり、中国は10年に及ぶ文化大革命の混乱の時代に入ります。ソ連との関係は、戦争すら起こりかねない最悪の緊張状態にありました。

そのときニクソンが訪中して、米中和解が実現しました。この流れに乗って田中角栄も訪中して、日中国交樹立を果たします。これで中国は20年以上絶えていた西側との関係回復の道筋を摑みました。

1976年に毛沢東が死去すると、鄧小平は日本やアメリカを利用して、改革開放政策を進めます。1980年代、中国はある意味、ゴルバチョフの国内改革に先んじて大改革を実行したのです。

中ソの対立はその後も続き、80年には中ソ友好同盟相互援助条約が期限を迎えて失効しました。しかし鄧小平はもともとソ連と主導権争いをするつもりはなかったので、ソ連との関係は普通の国と国の関係へと向かいます。そして89年5月、ゴルバチョフが訪中して鄧小平らと首脳会談を行ない、中ソ関係の正常化が発表されました。

80年代、中国は欧米や日本からの経済支援、技術支援を頼りに改革開放政策を推進しますが、その中で起こったのが天安門事件です。1989年6月4日、民主化を求めて天安門広場に集まったデモ隊を鄧小平が人民解放軍を投入して武力弾圧した事件です。

天安門のデモを取材して中国共産党の崩壊を予感

石平　天安門事件を斎藤さんはどのように見ていますか。

斎藤　誰もこういう見方をしないんだけれど、私はフルシチョフのスターリン批判と天安門事件には、共通点があると考えています。それは共産党の悪というものを世界にさらけ出したことです。

フルシチョフの批判は、スターリンという独裁者の悪、粛清やら個人崇拝やらを世界に暴き立てました。天安門事件について、中国当局はいまだに黙して公式な発表はありませんが、あの日、天安門広場で多くのデモ参加者が鄧小平の命を受けた軍隊によって惨殺されたことを、世界は知っています。共産党独裁体制の悪を世界は改めて知ることになったのです。

私は当時モスクワ特派員でしたが、じつはゴルバチョフにくっ付いて、5月に北京に行ったんですよ。天安門にも行きました。石平さんもいたんじゃないですか。

石平 私本人は日本に来ていたので天安門にはいなかったけれど、仲間はけっこういました。

斎藤 天安門広場は騒然としていました。旗を振って、『インターナショナル』を歌っている人たちもいました。当時、産経新聞は追放されていたので、北京に支局がないんですよ。だから兄弟会社のフジテレビの支局を借りて仕事をしていたんです。

1989年5月といえば東欧民主化革命の前夜でした。6月以降、ソ連の衛星国だったポーランド、ハンガリー、東ドイツ、ブルガリア、チェコスロバキア、ルーマニアで連鎖的に民主化革命が起こり、共産党の一党独裁体制が次々に崩壊します。11月には冷戦の象徴ともいえるベルリンの壁が崩壊、12月3日にはマルタ会談でソ連のゴルバチョフ書記長と米国のブッシュ大統領が冷戦の終結を宣言します。

私は天安門広場に取材に行って、集まった大群衆を見たとき、「ひょっとしたらソ連、東ヨーロッパ、それに中国でも、共産党の一党独裁体制は倒れるんじゃないか」と思いました。デモ隊は何十万という規模になっていました。

当時の首相は李鵬（Li Peng）だったのですが、デモ隊が「リー・ペン、シャータイ（李鵬下台）」と叫んでいました。

石平　「李鵬、退陣しろ！」と。

斎藤　取材していた私も気づいたら一緒になって、「リー・ペン、シャータイ」ってやっていました。新聞記者がやっちゃいけないんだけど、デモ隊の渦に巻き込まれてしまって、周りがみんなやっているから、「よし、俺もやるか」と（笑）。そのとき、「中国共産党、危ないかもしれない」と思いました。

ところがその後、私はゴルバチョフと一緒にモスクワに帰ってしまいました。天安門事件が起こったのは、その直後です。あの凄まじい集会、デモが武力弾圧されたことに衝撃を受けました。同時に、「鄧小平は徹底的にやる気だ」と理解しました。「東欧のように民主化を許さず、共産党独裁を維持する気だ。中国共産党は潰れない」と。

あのときソ連に足らなかったのは、民主化を求める民衆の徹底的な弾圧だったと鄧小平は悟ったに違いありません。そしていま、最も強くそう思っているのが、習近平ではないでしょうか。

軍を掌握して民主化を徹底弾圧できなかったソ連共産党

斎藤　天安門事件との対比で、習近平が東欧革命と並んでもう一つ注目しているのが、ソ連崩壊の原因となったクーデター失敗だと思います。

１９９１年８月19日にソ連共産党の守旧派、つまり左翼強硬派がモスクワでクーデターを起こします。クリミアの別荘で休暇中のゴルバチョフを軟禁して、改革に反対する守旧派が全権を掌握しました。

あのときに私は現場にいたのですが、戦車がモスクワ中心部に展開するのを見て、「ああ、これでゴルバチョフ政権は終わったな。民主化もおしまいだ」と思ったら、21日にクーデターは失敗に終わりました。守旧派にとっては文字通りの三日天下でした。なぜかというと、戦車がほとんど民衆側に寝返ったからです。戦車に花束を持っていく人もいれば、戦車から降りて市民と抱き合っている兵士もいました。これで共産党の権威は失墜、ソ連の崩壊が見えてきました。

このクーデターにはクリュチコフKGB議長をはじめ８人の首謀者がいましたが、彼らは軍を完全掌握できていませんでした。

「共産党独裁というのは、軍をしっかり味方につけて、弾圧すべきときは、徹底的に人民を弾圧しなければ維持できるものではない。しかしソ連共産党は民主派を弾圧できなかった。それに対して、天安門広場に軍を投入してデモ隊を徹底的に弾圧した鄧小平は正しかった」――習近平はそう考えているのではないでしょうか。

ちなみにモスクワのクーデターで犠牲になった市民はわずか3人でした。ソ連という大帝国が、ほとんど無血のうちに崩壊したというのは、世界史でも稀有なことだといえるでしょう。

ところで91年の夏に独裁と恐怖支配の復活を図ったクーデターの首謀者8人が1人の独裁者に凝縮して蘇ったのが、いまのプーチンである、というのが私の考えです。その意味では、当時のクーデターがいま、成功していると見ることもできます。もっとも、成功か失敗か、評価がこの先どうなるかはわかりませんが。

石平　おっしゃるとおり、ソ連がなぜ崩壊したのか、中国共産党はすごく研究しています。そして鄧小平がやったのが、軍と党による社会全体の統制強化です。そのために武装警察部隊を増強しました。その唯一の任務は、国内の暴動の鎮圧です。

1990年代――成長の中国、混乱のロシア

石平　鄧小平がすごいのは、社会の締め付けを強化する一方で、改革開放政策を推進して経済成長を加速させたことです。彼はソ連が崩壊したもう一つの理由をちゃんと理解していました。それは、アメリカとの無理な軍拡競争で経済が疲弊したとか原因はいろいろあるでしょうが、要するに経済がダメになってしまったことです。

それで鄧小平が1992年に何をやったかというと、「南巡講話」です。92年1月から2月にかけて、武漢や深圳、上海など南部諸都市を訪れて市場経済への移行を加速するよう訴えたのです。

鄧小平が提唱したのが、社会主義市場経済というとんでもないモデルです。政治が一党独裁の社会主義で経済が市場主義という理解困難な体制を中国は目指すというのです。そんなことが可能なのか世界中が疑いますが、何とこれが成功するんですね。中国は経済成長を続け、結果として世界第2位の経済大国になります。鄧小平というのは、もう天才的な曲者です。

その一方、ソ連崩壊後のロシアでは結構、混乱が続きましたよね。この差はどこからき

たと思われますか。

斎藤　中国についていえば、天安門事件のあと、西側諸国は中国を非難してさまざまな制裁を科していました。中国は外交的にも経済的にも孤立していたのですが、この状況を早々に脱することができたのが大きかったと思います。

中国に対する制裁包囲網から最初に脱落したのが日本でした。早くも90年8月には海部俊樹首相が西側先進国の首脳として事件後初めて訪中し、停止していた円借款を再開します。そして何よりも影響が大きかったのが、92年10月の天皇陛下の中国ご訪問でした。中国政府の要請を受け、宮澤喜一内閣の閣議決定を経て実現したものです。

これで日本は鎧が脱げてしまいました。もうこの辺でよかろうと、中国を許してしまったのです。これで諸外国の制裁も解除に向かいます。以後、天安門事件などなかったかのように、対中投資が急増しました。

そういえば中国共産党の対日戦略の最大のものは、皇室をなびかせることだという話を聞いたことがあります。確認はできていませんが、むべなるかな、ありうる話だと思います。２００９年12月には、副主席だった習近平の来日に際して、天皇陛下との会見を強引に求めています。

石平　そうそう、ありましたね。どうしても天皇陛下に会いたいと習近平がゴネたんです

北京の人民大会堂前で儀礼兵を巡閲される天皇(現上皇)陛下と楊尚昆国家主席(1992年10月23日)

よね。

斎藤 陛下との会見を希望する場合は、一カ月前までに申請するという「一カ月ルール」があるのですが、これを無視した中国側の要求を、鳩山由紀夫首相と小沢一郎幹事長が受け入れて、「天皇特例会見」が行なわれました。ルールを破ろうが、強く出れば日本政府は中国の要求を呑むと民主党政権の2トップが証明して見せたわけで、中国が日本に対してつけあがる、いい材料になっています。

一方のロシアでは、ソ連崩壊後、改革をめぐってエリツィン対議会で、大権力闘争が始まります。中国の文革派と走資派、毛沢東と劉少奇の権力闘争のようなものです。ソ連は崩壊したものの、資本主義化も民主主義化も一挙にできるわけもなく、体制崩壊後の展望がまったく見えないままエリツィン政権というのはスタートしたのです。
ロシアにいろいろな経済学者が入ってきて、さまざまな経済政策を試みますが、どれもこれも失敗して経済は大混乱します。民主主義の経験もほとんどないものだから政治も混乱し、しかも、エリツィンは酒の飲みすぎで頭が混乱して、国自体がもうカオス（混沌）状態です。当時私は記事の中で「混沌」という言葉をよく使ったものです。
これはダメだというので、白羽の矢を立てたのがプーチンなんです。だからエリツィンがプーチンを引き上げた理由をひと言でいうと、緩み切ってグチャグチャになってしまった国のタガをもう一回締めるためです。

プーチン時代の中ロ関係

斎藤　2000年5月、大統領に就任したプーチンは、2001年7月、モスクワを訪問した江沢民と中ロ善隣友好協力条約に調印します。

石平　平和条約みたいなものですね。

斎藤　ええ、相互不可侵や経済・軍事の協力などを謳った条約です。この中ロ善隣友好協力条約は、ロシアが久しぶりに中国と結ぶ条約でした。これが新しい中ロ関係の始まりとなり、その後、中ロは関係を深めていきます。2004年10月にはプーチンと胡錦濤の政治決着によって最終的な中ロ国境協定が結ばれ、中ロ間の国境問題が決着します。

エリツィンの頃には、もう国がグジャグジャだから、中国ときちんと付き合っている余裕がなかったのだと私は見ています。しかしプーチンは共産党と非常に親和性が高いのだと思います。それで江沢民をモスクワに招いて中ロ善隣友好協力条約を結び、さあ、新たな中ロ関係を築こう、となったのでしょう。

エリツィン時代に危機的な状況に陥っていたロシア経済は、プーチン政権最初の8年間（2000〜2008年）に急成長を遂げます。ロシアの輸出の大部分を占める原油と天然ガスの価格が大幅に上昇したのが主な理由ですが、この間に名目GDPは倍増して世界22位から11位に上昇しました。実質所得は倍増しています。最初の8年間、ロシア経済は日の出の勢いだったのです。

一方の中国も90年代から続く経済成長が2001年のWTO（世界貿易機関）加盟を機に加速し、2000年に世界第6位だった名目GDPは、2010年には日本を抜いて2位にまでなりました。

2000年代、著しい経済成長を続けるブラジル、ロシア、インド、中国の4カ国はBRICsと総称され、有力な投資先として注目されていました。プーチンは急成長を続け世界で存在感を増すロシアと中国は、互いにパートナーとしてふさわしいと考え、中ロ善隣友好協力条約を結んだのかもしれません。

しかしロシア経済はその後失速し、中ロの経済格差は拡大を続けました。２０２１年６月、中ロ善隣友好協力条約の有効期間20年を迎えるにあたり、プーチンと習近平は条約の延長を正式に宣言しました。このとき中ロの立場は、スターリンと毛沢東が中ソ友好同盟相互援助条約を結んだときとは完全に逆転して、中国のほうがはるかに上になっていました。

石平　中国の外交について言えば、天安門事件後の外交戦略を主導したのは、やはり鄧小平でした。鄧小平は１９９７年に死去しますが、江沢民政権（１９８９～２００２年）、胡錦濤政権（２００２～12年）を通じて、鄧小平の政治的遺言ともいえる外交戦略が踏襲されます。それが第２章で紹介した「韜光養晦（とうこうようかい）」です。

斎藤　はい、はい、そうでしたね。とにかく爪を隠せ、実力をむやみに誇示するなということでしたね。

「韜光養晦」を捨ててロシアに接近

石平　十分な国力が整うまでは、仮面をかぶって西側とは喧嘩をするな、というのが鄧小平が遺した外交の基本方針でした。実際、胡錦濤政権までは、米中関係を安定化させるというのが外交戦略の基本でした。

鄧小平はこの韜光養晦で、世界中を騙して、欲しいものを何でも手に入れてきました。日本も完全に騙されました。1978年に来日した鄧小平は、歴史問題にも触れず、尖閣問題は棚上げして、日本を称賛し近代化のために教えを請いました。感激した日本は、国を挙げて中国を支援します。

アメリカも騙されました。たとえば英語が得意な江沢民は、訪米した際、大統領の目の前でアメリカ独立宣言を英語で暗唱して見せました。

斎藤　なかなかの芸人ですね。

石平　アメリカ人って、そういうのに弱いでしょ。みんな騙されて、中国の言いなりになり、投資を拡大していきました。胡錦濤政権も韜光養晦を引き継ぎました。もしこの戦略をあと10年続けていたら、中国はもう世界の手に負えなくなっていたと思います。ところが幸か不幸か、10年前の2012年に習近平政権ができました。ここで外交戦略が変わったのです。

彼は鄧小平の韜光養晦を捨てました。そもそも鄧小平の韜光養晦は、本心から西側との友好を目指すものではありません。「力のないときには我慢して、まずは力を蓄えよ」ということです。習近平からすれば、その我慢する時期はもう終わった、ということだったのです。

「中国はもう十分に力を身につけた。鄧小平がつくったこの経済力と軍事力を土台に、西側を向こうに回して世界の覇権を取る。それが自分の任務だ」――習近平はそう考えたのだと思います。「中華民族の偉大な復興」をスローガンに、中国は経済力と軍事力を誇示し始めます。

韜光養晦を捨てた習近平が最初にとったのが、親プーチン、親ロシア路線でした。江沢民政権も胡錦濤政権も、中国の指導者が就任早々に訪問するのはやっぱりアメリカなんですよ。

しかし習近平は国家主席になって、真っ先にロシアを訪問して、それ以来おそらく数十回はプーチンと首脳会談を行なっています。

斎藤　30回以上です。

石平　30回以上ですか。習近平にとって、プーチンはある意味、お師匠みたいな存在なのではないでしょうか。国際政治の舞台では、プーチンのほうがよほど大先輩です。

斎藤　それはそうですね。歳も一つ上で、今年（2022年）10月7日に70歳になりました。

石平　独裁者としてのキャリアも、プーチンのほうが断然長いわけです。30回以上もプーチンと首脳会談を行ない、ウクライナ戦争の始まる前には、習近平はもうロシアと同盟関係になってもいい、というところまで来ていました。

２０２２年２月４日、北京冬季オリンピックの開会式に出席するために訪中したプーチンとの首脳会談で、習近平はロシアのウクライナ侵攻を容認し、支援すら約束した可能性があると私は考えています。この首脳会談とそのあとに発表された共同声明については、第４章であらためて論じたいと思います。

プーチンの選挙事務所でメドベージェフに取材

石平　その一方で、私はロシア国民のために残念だと思うんですよね。ロシアは半分がヨーロッパの国です。中国が韜光養晦で西側を騙している間に、ロシアは西側の一員として生きていく道もあったのではないか。あるいは中国が社会主義市場経済をやっているあいだに、ロシアは西側と同じような市場経済を発展させる道もあったのではないか、と。しかし、西洋世界の一員になるかどうかというところで、ロシアはいつも迷ってしまう。そして、習近平政権の中国が西側と対立する路線を選び、プーチンのロシアもまたウクライナとの戦争で西側と徹底的に対立することになって、結果的に今日、中ロという悪の枢軸ができてしまいました。

この20年間にプーチンが西側と和解する機会はあったと思います。たとえば2001年のアメリカ同時多発テロ「9・11」のときに、プーチンは真っ先にアメリカのテロとの戦いを支援する姿勢を示しました。

でも、ロシアが常に西側との完全な和解に失敗するのは、なぜなのでしょうか。自分たちは常に西側にいじめられるという被害妄想がロシアにはあるのでしょうか。そこはどう考えればいいのでしょうか。

斎藤　最初に同時多発テロの話をしますと、「9・11」のあと、対米テロを繰り返すアルカーイダを庇護するタリバン政権を倒すために、アメリカはアフガニスタンに侵攻します。そのときプーチンは、中央アジアの基地をアメリカ軍が使用することを認めます。

中央アジアというのは、ロシアにとっては裏庭みたいなものです。ソ連崩壊後に独立して別の国々になっていますが、依然としてロシアの影響力が強い地域です。その中央アジアのウズベキスタンやキルギスタン、タジキスタンなどの基地や空域を米軍が使用することをプーチンは認めたのです。

私はそのときモスクワにいて、「この男はこういう親米的なところがあるんだ」と思いました。私は2000年3月の大統領選挙のときにモスクワに赴任したのですが、そのとき感じたプーチンの印象は柔らかなものでした。

じつは私、赴任してすぐにプーチンの選挙事務所に行ったんです。

石平 そんなものがあったんですか。

斎藤 私の最初のモスクワ赴任はソ連時代ですから、選挙事務所なんてあるわけありません。それが2000年にはあったんです。モスクワ運河の畔(ほとり)の立派な建物に入っている事務所を訪ねました。受付の女性に、「プーチンさん、いらっしゃる?」って聞くと、外出しているという。「じゃあ、誰か選挙の見通しを話せる人はいますか?」と尋ねると、閑散とした事務所の奥から「はいよ」って感じであんちゃんが出てきました。それが当時、34歳のメドベージェフでした。そのときプーチンは47歳です。

メドベージェフはきちんと背広を着た、いかにも能力のありそうな、いい男でした。当時51歳の私に、30～40分、丁寧にいろいろ説明してくれました。大統領選挙については、「間違いなく当選します」と非常に楽観的でした。

最後に「プーチンさん、何時頃に帰りますかね」と聞くと、「ちょっと今日はダメかもしれませんよ」と言う。「じゃあ、もし今日中に帰ってきたら電話ください」と言って引

アンドレイ・サハロフ博士と妻のエレーナ・ボンネル夫人（1987年）

き上げましたが、その後、連絡はありませんでした。

たぶんプーチンと会えるチャンスは、初めからあまりなかったのだと思います。ただ、選挙事務所を訪ねて感じたのは、柔らかさでした。プーチンは民主的な指導者になるかもしれないなと思ったほどです。

しかし、ソ連時代の反体制物理学者でノーベル平和賞を受賞した、アンドレイ・サハロフ博士（1989年12月死去）のエレーナ・ボンネル夫人（2011年6月死去）は、プーチン政権発足直後、私とのインタビューで、「プーチン政権はネオ（新）スターリニズムの到来だ」と本質を見抜いていましたけれどね。

西側との協調という選択肢はなかった

斎藤　メドベージェフの言うように、プーチンが大統領になるのは、間違いありませんでした。誰に聞いても、「プーチンだよ」と言っていた。そのプーチンと、私が会ったメドベージェフの2人が、これからの22年間、入れ代わり立ち代わり大統領になるなんて、選挙事務所に行ったときには思いもしませんでした。

2000年以降、2人しかロシア連邦の大統領にはなっていません。その2人があの事務所から出ているのです。22年間のうち、4年間がメドベージェフです。この男が忘れもしない2010年11月1日、大統領として初めて北方領土に上陸しました。産経新聞は、「誰がメドベージェフを不法入国させたのか」と書きました。どう見ても不法入国ですよね。

一事が万事この調子で、最初は柔らかそうに思えたプーチンもメドベージェフも、だんだん本性を現していきます。

最初プーチンは西側と協調していけると思えたし、アメリカともうまくやっていくのだろうと思ったのですが、できませんでした。その後すぐ、いろんな難癖をつけて、アメリカと喧嘩するようになってしまいました。きっかけは、中ロの接近です。

先ほども話に出ましたが、2001年に中ロ善隣友好協力条約を結び、2004年には中国との国境問題が妥結します。これで4000キロの中ロ国境が定まります。中ロの国境問題というのは長年の懸案で、1969年にはダマンスキー島（珍宝島）の領有をめぐって、軍事衝突まで起こっていましたが、それが解決したのです。

私は中国のほうから働きかけがあったのだろうと思っています。2001年が「9・11」で、その3年後に中ロの国境問題が全部解決した。これは胡錦濤が、韜光養晦で敵を欺くのも大事だが、やはり味方をつくっておく必要があるということで、ロシアを巻き込んだのだろうと考えています。

当時、中国はチベット、ウイグル、内モンゴルをほとんど制圧していました。あと中ロの国境問題を解決すれば、陸の不安材料はなくなります。こうして陸を制圧して背後を固めておいて、おそらく中国は海洋進出を本格化しようとしたのでしょう。

石平　そう、中国の海洋戦略を推進するためです。

斎藤　こうして中国のほうからプーチンに近づく形で、中ロは接近していったのです。

先ほど石平さんは、プーチンは「9・11」でアメリカに協力したし、ロシアには西側の一員になるという道もありえたのではないか、と言われましたが、私はプーチンにその選択肢はなかったと考えています。なぜならプーチン政権というのは、もともと民主政権ではないからです。民主化を進めて西側の一員になる気など、端からありませんでした。しばらくアメリカとはうまく付き合いながら、様子を見ようということだったと思います。

石平　なるほど、形だけ民主的な選挙で選ばれたからといって、選ばれた人間が民主的である保証は全然ないわけですね。

対外戦争と独裁政治が表裏一体

斎藤　プーチン政権がもともと民主的な政権などではなかったことは、プーチン大統領誕生の経緯からも明らかです。何がプーチンを大統領にしたかというと、第1章で述べたようにチェチェン紛争です。首相時代のプーチンが、自作自演とされるアパート連続爆破事件をチェチェン独立派武装勢力のテロと断定して引き起こしたチェチェン紛争、それがすべてです。

私はプーチンに当初感じた柔らかさは、今にして思うと、「チェチェン隠し」だったと睨んでいます。もちろん、それがすべてではありませんが、「9・11」後、プーチンがアメリカを支持したのも、アメリカの「テロとの戦い」を支持することで、ロシアのチェチェン紛争を正当化する狙いもあったと思います。

ロシア語でならず者のことを「バンジット」といいます。私が2度目の特派員でモスクワに行ったとき、産経の運転手さんも、「チェチェン、バンジット」とよく罵っていました。「チェチェン人はならず者だ。テロばっかり起こす、ひでえ野郎だ」と。その流れに乗って、プーチンはチェチェン紛争で大統領になったのです。

それで、プーチンは思ったのではないでしょうか。「ずっとこれを続けていこう」と。振り返れば、チェチェン紛争を皮切りにして、プーチンの歴史は戦争の歴史なんです。憲法で大統領の連続3選が禁止されているため、2008~12年の1期（当時は4年）だけはメドベージェフを第3代大統領にして傀儡政権を立てて、プーチンは首相に収まりますが、2012年からはプーチンが第4代大統領として返り咲き、今日に至ります。

石平　戦争をやるたびに、プーチンは何かを手に入れています。その結果、ますますロシア国民の支持が高まり、選挙にも勝って、独裁体制がますます強まるわけです。結局、22年間のプーチン政権は、対外戦争と独裁政治が表裏一体で成り立ってきたということですね。

斎藤　そう。外に敵をつくり、内には嘘をついて、戦争を仕掛けるわけです。ウクライナ侵攻がその典型です。

石平　その原点がチェチェン紛争なんですね。要するにプーチンが求めたのは、「戦争で勝てる敵」であって、民主主義でもなければ、西側との友好関係でもなかった。

エリツィン時代の大混乱を経験したからこそ、ロシア国民がプーチンのような独裁的な、強い指導者を歓迎する部分もあるのでしょうか？

斎藤　本当はエリツィンにやってほしかった人々はいっぱいいるんです。一時、エリツィンとゴルバチョフは二重権力の状態にありました。エリツィンがロシアの大統領でゴルバチョフがソ連の大統領でした。ただ、エリツィンのほうが圧倒的に人気がありました。

１９９１年の８月クーデターのとき、クリミアに軟禁されていたゴルバチョフは一気に権力を失いました。一方のエリツィンは最高会議ビルの前で戦車の上に立ち、クーデターへの抵抗を呼びかけました。国民がこれに応え、結果的にクーデターは失敗に終わりました。これでエリツィンは、民主化の旗手になったわけです。

だからエリツィンに強い指導者として、新しいロシアの国づくりをやってほしかった。ところが、ノウハウがありませんでした。民主国家のつくり方も市場経済のつくり方もわからない。いい側近もたくさんいたのですが、うまく利用できなくて、結局、カオスに陥ってしまいました。

石平　しかも本人が大酒飲みでね。

斎藤　アルコールで頭の中もカオス、国もカオスでどうしようもなくなって、もう一回、国を引き締めなきゃダメだというので、プーチンを後継に指名したわけです。国民としては、プーチンに期待するしかなかったという面はあると思います。

石平　本章では１９４９年からの中ソ、中ロ関係を見てきたわけですが、両国は結局、似たもの同士、同じ体質で、毛沢東・スターリンから、習近平・プーチンまで、本質は何も変わっていない。だから結局、最後は手を握るということになった。それが、よくわかりました。

第4章 ウクライナ戦争と日本の危機

斎藤 勉／石 平

中国包囲網に横やりを入れたプーチン

石平　第3章では、毛沢東、スターリンの時代から現在までの中ロ関係を見てきました。その間、両国ともそれぞれに激動の時代を経てきたにもかかわらず、プーチンのロシア、習近平の中国の本質はスターリン、毛沢東時代と変わらず、結局、似た者同士のヤクザ国家であることがよくわかりました。本章では、プーチンが引き起こしたウクライナ戦争について論じ合うとともに、この戦争が中ロ関係に及ぼす影響、日本の安全保障を取り巻く諸問題について見ていきたいと思います。

まず、中国問題という視点から今回のウクライナ戦争を見れば、プーチンは本当に余計なことをやってくれたな、というのが私の率直な思いです。というのは、この数年間で中国に対する世界の包囲網がほぼ完成しつつあったからです。

インド太平洋地域では、日本、アメリカ、オーストラリア、インドが共同して中国に対処するクアッド（QUAD）という包括的枠組みができました。また、オーカス（AUKUS）では、アメリカとオーストラリアとイギリスの三カ国による新しい安全保障の枠組みが発足しました。

さらに2021年6月にはNATOの首脳会議がイギリスで開かれまして、その共同声明では、中国がNATO同盟国の脅威になっていると名指しで批判しています。実際、22年にはNATO加盟国であるイギリス、フランスとドイツが、海軍をアジアの海に派遣しています。海からの中国包囲網も徐々にできつつあったのです。

また2022年2月の北京冬季オリンピックでは、西側諸国の多くが中国国内の人権弾圧を理由に、元首や政府高官を派遣しない外交的ボイコットを行ないました。もしプーチンが何もしなかったら、西側による中国の封じ込めは、その後も強まっていったでしょう。しかし、まさにこの肝心のときに、プーチンは余計なことをしたのです。

まず2月4日、オリンピックの開会式に出席するため北京を訪れ、習近平と首脳会談を行ないました。そこで中国から支持を取り付けたうえで、プーチンは北京五輪の閉幕を待って、とうとう戦争を始めてしまった。

斎藤さんはこのロシアによるウクライナ侵攻は、意外でしたか、それとも別に驚くほどのことではなく、プーチンがやるべくしてやった戦争だと捉えていますか。

斎藤 これは突然始まった戦争ではなく、2014年3月のクリミア半島の併合、さらにその直後にウクライナ東部のドネツク州とルガンスク州で始まったドンバス戦争とひと繋がりの戦争と捉えるべきだと思います。

ブリンケンが看破したプーチンの戦争目的

斎藤　ドンバスとはドネツク州とルガンスク州を合わせた地域のことで、「ドネツ炭田」という意味です。ドンバス戦争は、ロシアを後ろ盾にしてドンバス地方の独立を求める分離派武装勢力とウクライナ軍との武力衝突ですが、実際はロシア軍が仕掛けた戦争です。その戦争がずっと続いているということです。

クリミア併合は、クリミアを取っただけでは完成しません。クリミアというのは黒海に浮かぶ半島ですが、この半島とロシア本土を結ばなければ意味がないのです。

そこでドンバスを取り、さらにウクライナ南部のいわゆる「陸の回廊」を取って、ロシア本土とクリミアとを結びつけようというのが、プーチンの戦略です。そうやってクリミア支配を強化し、ひいては黒海支配をより強固なものにしようというわけです。だから私はロシア軍が侵攻するとすれば、このドンバス地方とクリミアへの陸の回廊だけかと思っていました。ところがいきなりキエフに入っていこうとしましたよね。いまはキーウといいますが、首都を落とそうとした。これにはちょっと「あれ?」と思いました。

プーチンが2月24日の演説で侵攻の理由として掲げたのが、ウクライナの「ネオナチ」

の存在でした。親ロ派住民に対するネオナチのジェノサイド（大量殺戮）を直ちに止める必要があった、というのです。しかし、これは8年前にドンバス戦争を仕掛けたときから言っている大嘘です。

石平　8年前と同じことを言っているんだ。

斎藤　そうなんです。なぜいまさらこんなことを言うのか、不思議だったのですが、どうやらウクライナの存在自体が非常に目障りになってきたのだと思います。

アメリカのブリンケン国務長官が、6月末にはっきり言ったんです。「プーチンの戦略的な目的はウクライナの主権と独立を奪って、地上から消し去って、それをロシアのものにすることだ」と。これはアメリカのバイデン政権が初めて言ったことですが、私もこれだ、と思いました。

モヤモヤッとしたものがあったんですよ、なぜ何の大義もない戦争をプーチンが始めたのかと。

石平　ネオナチがジェノサイドをやっているはずがないですからね。

斎藤　あるいは、NATOの脅威が増しているとか、いろいろ言っています。しかし、NATOの脅威なんていうものはありません。NATOがロシアに侵攻する理由なんか何もないんですから。ドンバスでは8年前から戦争をやっていますが、いまさらNATOの脅威が増しているなんてあり得ません。

憲法改正でウクライナ侵攻を準備

斎藤 プーチンの目的は、やはりブリンケンが言ったように、将来的にウクライナという国をなくして、ロシアの領土にしてしまおうという、それだけの話なんですよ。要するに領土欲です。

プーチンは戦争によって権威と権力を高めてきて、2020年に憲法を改正しました。この憲法改正がウクライナ侵攻にけっこう大きな役割を果たしていると思うのです。

石平 それはどういうことですか。

斎藤 まず、プーチンが永遠に独裁者でいられる権利を得ましたよね。

石平 はい、それは日本でも報じられていますね。

斎藤 もちろん永遠ではありませんが、2024年に大統領選挙があって、そこからさらに2期12年大統領でいられます。つまり2036年、83歳まで大統領をやれるわけです。ロシア人にとって、83歳というのはけっこうな高齢です。世界保健機関（WHO）の報告書によると、2019年のロシア人男性の平均寿命は68・18歳です。1952年10月7日生まれのプーチンは、70歳になりました。

そもそもこの大統領任期の変更は、とんだ茶番でした。改正案は、大統領任期の上限をそれまでの「連続2期」から「通算2期」に変更するものでした。現在、連続2期目で通算4期目のプーチンに続投の目はなさそうに見えました。プーチン自身が「改正案に同意する」と発言しています。ところが審議の過程で、現職大統領と大統領経験者の「これまでの任期数をカウントしない」という条項が追加されたのです。いままで何期やっていようと、すべてリセットされ、2024年から1期目が始まるわけです。だから24年の選挙でプーチンは新人なんですよ。

次の選挙にプーチンが出ない場合、後継は誰になるかという議論をときどき見かけますが、憲法まで変えたのだから、プーチンが出るつもりでいるのはわかっています。敵をつくり、戦争を仕掛けて、強い指導者として国民の支持を得る——プーチンのお家芸が、また繰り返されることになりました。これが一つ。

二つ目は、今回のロシア憲法改正で、領土割譲を禁止する条項が追加されたことです。「隣接国との国境画定を除き、領土割譲に向けた行為や呼び掛けを禁止する」というのです。これは南クリールつまり北方領土とクリミアのことなんです。これはもう絶対に渡さないと憲法に明記したわけです。じゃあ、日本はいままで何をしてきたんだ、ということになってしまいます。しかし、領土に関して改正されたのは、この割譲の禁止だけではありませんでした。

「憲法上の侵略国家」の誕生

斎藤 今回改正された憲法の中には、気づきにくいけれど非常に危険な条項があります。隠されていると言ってもいいでしょう。改正された81条2項にはとんでもないことが書かれています。これはウクライナ人の国際政治学者グレンコ・アンドリーさんに教えてもらったことで、以下に紹介する条文もアンドリーさんの日本語訳です。この81条2項というのは、ロシア大統領選挙の立候補者に必要な条件が規定されています。

そこには、「ロシア大統領選挙に立候補する人は、直近25年、ロシア国内に住まなければならない」、そして「かつて外国の国籍を持っていた人、もしくは外国の永住権を持っていた人は、ロシア大統領選挙に立候補できない」と、主要な二つの条件がまず掲げられています。

しかし、この条件には例外が認められています。

「ただし、ロシアの一部になった国家もしくは一部になった他国の地域で25年間住んだ人は大統領選挙に立候補できる」というのです。

新しく「ロシアの一部になった国家もしくは一部になった他国の地域」に住んでいた人は、当然、直近の25年間、ロシアには住んでいませんし、以前は外国の国籍を持っていました。つまりロシア大統領選挙に立候補するのに必要な、最初の二つの条件をクリアしていません。しかし、そのロシアの 部になった国家もしくは地域に25年間住んでいて、その国家の国籍を持っていた人は、最初の二つの条件を免除され、大統領選挙に立候補できるというのです。

ここで疑問が生じます。「ロシアの一部になった国家もしくは一部になった他国の地域」とはどういうことでしょうか？　ふつう他の国家が丸ごと、あるいは他国の一部地域が、自然に自国の一部になるなんてことはありえません。領土というのは意図して拡大しなければ、増えるものではありません。領土を拡大する意図があるからこそ、憲法にこういう条文が加えられたのです。

つまり、ロシアは「これから他国を丸ごと併合して自国の領土にする、もしくは外国の領土の一部を併合して自国の領土にする」と公言して、それを憲法に書いているということです。世界に対して「ロシアはこれからあなたたちの国を侵略し、領土を奪う」と宣言しているようなものです。しかも、それを憲法に堂々と書いている。ちなみにグレンコ・

アンドリーさんは動画の中で「ロシアは憲法上の侵略国家になった」と表現されています。

この憲法改正は2020年7月です。アンドリーさんによると、このときすでに、これから取りに行くウクライナはもちろん、カザフスタンやジョージア侵略も視野に入れているとのことでした。それが憲法の領土に関する条項ではなく、大統領選挙の立候補条件を記した条項の中にしれっと入っているんですよ。

石平 よほど条文を深読みしないかぎり、この意図はわからないですね。

斎藤 わからないです。私もアンドリーさんに教えてもらうまで気づきませんでした。

ブリンケン国務長官が言ったとおり、プーチンの戦争目的はウクライナの併合です。自分が領土を広げて、その上に皇帝として君臨したいということです。プーチンには何の大義もありません。それでも憲法に則った領土拡大であるという主張が、少なくとも国内向けには可能です。2020年の憲法改正の異常さがよくわかります。

共鳴する香港国家安全維持法とロシアの憲法改正

斎藤 ロシアの憲法改正が全国投票で承認され、発効したのが2020年7月1日ですが、じつはその前日の６月30日、中国では「香港国家安全維持法」が成立・発効しているんです。

「自由を潰す」という意味では、ウクライナと香港で行なわれていることは同じです。中国としては、香港から大陸に「自由」が入ってきては困る。だから本当なら50年間はそれまでの香港の「高度な自治」を認めると約束していたにもかかわらず、25年で一国二制度にとどめを刺して、完璧に中国化、共産化してしまいました。

ウクライナも同じです。プーチンは、ウクライナから「自由」と「民主主義」がロシアに流入しては困ると考えたのです。

そういう面では、同じ時期に同じことが起きたんですよ。中国の香港国家安全維持法の制定とロシアの憲法改正は両方とも権力固めのために絶対必要な手続きで、それが１日違いで行なわれたわけです。これは習近平とプーチンが示し合せたのかもしれません。２人はしょっちゅう連絡をとってますからね。

習近平は香港国家安全維持法で香港の自由を完全に潰し、警察国家にしました。プーチンはウクライナを取るために憲法を改正し、先述のように領土拡張を前提にしているような条項を追加しました。つまり、同じような法律、改正憲法が同じ時期に成立して、香港の自由を潰し、ウクライナの自由を潰そうとした――あまり出ていない見方ですが、私はそう思っています。

香港は台湾の前哨戦であって、香港の自由を潰して中国化したあと、習近平は台湾攻略に集中すると思います。ただ、中国化、共産化した香港を維持するには、大変なエネルギーを要するはずです。

石平 香港の自由を潰す代償として、香港の国際金融センターとしての地位が揺らぐ恐れがあります。要するに、金の卵を産むニワトリを殺すことになるかもしれない。これほどの愚策もありません。

プーチンの辞任を求めた退役大将イワショフ

斎藤 ソ連とロシア帝国（帝政ロシア）というのは、ほとんど面積が同じなんです。そしてウクライナというのはソ連構成国の中で二番目の軍事力、経済力を持っていましたし、ソ連随一の穀倉地帯でした。そういう重要な国を自分の支配下に収めないかぎり、俺は皇帝として認められない、ウクライナを手に入れなければ、俺の権威が下がる——私に言わせれば、プーチンはそう考えています。要はプーチンの欲得です。

この戦争はプーチンの私利私欲が起こしたものです。プーチンが22年間独裁者として何

ロシア国防省国際軍事協力局長時代のレオニド・イワショフ（1999年6月11日）

を得てきたかというと、権力と権威ととてつもない巨大利権です。ところがウクライナという大きな穴から西側の民主主義、自由主義がロシアに吹き込まれたら、それらはひとたまりもなく失われてしまうと恐れています。だからＮＡＴＯの脅威だとか、ネオナチだとか、嘘をでっち上げてウクライナを奪い、西側に向かって開いた穴を塞ごうとしているのです。戦争の理由は嘘っぱちですが、大祖国戦争でナチスに２７００万人が殺されたロシア国民には納得がいくものなのです。

しかしロシアにもプーチンの嘘を見抜いている人はいます。たとえば退役軍人の組織である「全ロシア将校協会」の会長レオニド・イワショフ退役大将は、プーチンが私利私欲から戦争を始めようとしていると糾弾し、なんとウクライナ侵攻の直前にプーチンの辞任を要求するアピールを発表しました。

このイワショフ退役大将のアピールはのちに知られるようになりましたが、全ロシア将校協会がそれほど有力な組織ではないため、産経新聞はじめ、ほとんどのマスコミは当初無視していました。ところがいまになって読み返すと、ズバッと核心を突いていることがわかります。

たとえば、「ウクライナがロシアの友好的な隣人であり続けるためには、ロシアの国家モデルや統治システムの魅力を示すことが必要だった」と言っています。ロシアに魅力がないから、ウクライナはついてこないんだという指摘です。

また、ウクライナ侵攻なんかすれば、「第一にロシアの国家としての存在そのものを疑わせることになる。第二にウクライナ人とロシア人を永遠に不倶戴天の敵にすることになる。第三に若くて健康な何千、何万という兵士が殺されることになり、滅びゆくわが国の将来の人口動態に影響を与えることは間違いない」と言っています。最後の「滅びゆくわが国」というのは、人口減少で国家が衰亡しつつあるロシアの現状を指しています。戦争で多数の若者が死ねば、人口減少はさらに危機的な状況に陥るというのです。

さらに、鋭い指摘は続きます。

「ロシアは明らかに平和と国際安全保障に対する脅威と分類され、最も重い制裁を受け、国際社会から排除され、独立国家としての地位を剥奪される可能性がある」

「この国の指導部は、自分たちが国を体制的危機から導くことができず、それが人民の蜂起と国の権力交代につながりかねないことを悟り、寡頭制、腐敗した官僚、祭り上げられたメディア、治安サービスの支援を受け、ロシアの国家としての最終破壊と国の先住民の絶滅を目指す政治路線を発動することにしたのである」

そして、「戦争は彼らの反国家的権力をしばらく保持し、国民から略奪した富を維持するために、この問題を解決する手段である。それ以外の説明は考えられない」と、指導者たちを糾弾し、「犯罪的な政策を放棄し、辞任することをロシア連邦大統領に要求する」と、プーチンに迫ります。

これ、おもしろいでしょう。だけれど、ほとんどの新聞が書きませんでした。

嘘を見抜き、声を上げる人々

斎藤 もう1人、ジュネーブにある国連のロシア政府代表部に所属していたボリス・ボンダレフという外交官は、ロシアのウクライナ侵攻に抗議して5月に辞職しました。彼がジュネーブの各国政府代表部に送った英文の声明には、「今年の2月24日ほど祖国を恥じた

ジュネーブの元ロシア外交官、ボリス・ボンダレフ(中央)

ことはない」「ウクライナの人々に対する犯罪であるだけでなく、ロシアの人々に対する最も深刻な犯罪である」「この戦争を企てた者たちの目的はただ一つ、永遠に権力の座にとどまり、豪華で悪趣味な宮殿に住み、総トン数と費用でロシア海軍全体に匹敵するヨットに乗り、無限の権力と完全な免罪を享受することだ」といったプーチンへの痛烈な批判が連ねられていました。

この中の「豪華で悪趣味な宮殿」というのは、第1章でも紹介しましたが、反体制派指導者のアレクセイ・ナワリヌイが2021年1月にYouTubeで公開したプーチンのものとされる黒海沿岸の豪邸のことです。また「完全な免罪」とは、2020年の憲法改正で規定された免責特権で、大統領は在職中だけでなく退任後も刑事責任や行政責任を問われず、当局による尋問や捜索も免れるというものです。

それから、『文藝春秋』(2022年7月号)には、元実業家のミハイル・ホドルコフス

イタリア北部の港に停泊しているプーチン所有疑惑の豪華ヨット「シェヘラザード」

キーのインタビュー「プーチンが最も殺したい男の告白」が掲載されています。ホドルコフスキーというのは石油会社ユーコスを設立して大富豪となったオリガルヒ（新興財閥）の筆頭格でしたが、２００３年、突然逮捕されてシベリアで10年間の獄中生活を送っています。13年に恩赦で釈放されると、イギリスに事実上亡命しました。

ホドルコフスキーは、プーチンがウクライナ支配にかける執念について、次のように述べています。

「ウクライナ支配に取り憑かれたようなプーチンの執念にも、おそらく個人的な怨念が絡んでいる。二〇一四年、ウクライナでマイダン革命（市民運動）が起き、親ロシア派のビクトル・ヤヌコビッチ政権が崩壊したが、これはアメリカが背後で仕掛けたものであり、自分に対する攻撃だったとプーチンは思いこんでいるからだ」

マイダンとはウクライナ語で「広場」という意味です。親ロ派のヤヌコビッチ大統領は当初、EUとの連合協定に署名する意思を示していましたが、最終的に署名を拒否しました。これに反発して大規模な反政府デモが発生します。キーウ

ミハイル・ホドルコフスキー

の独立広場では反政府デモ隊と治安部隊の衝突が起き、ウクライナは騒乱状態に陥ります。事態の収拾に失敗したヤヌコビッチはロシアに逃亡し、親ロ派政権は崩壊しました。これが2014年のマイダン革命です。プーチンはこれをアメリカが背後で仕掛けた自分への攻撃だと思い込んでおり、その個人的怨念からウクライナ支配に取り憑かれているとホドルコフスキーは言っているのです。

また、ホドルコフスキーは、「プーチンが狂気の沙汰ともいえるウクライナ侵攻に突き進んだ」理由をいくつか挙げています。たとえば、次のようなものです。

「プーチンの統治の特徴は、『大国復興』という帝国主義の幻想によってロシア市民をつなぎとめてきたことにある。対外武力行使に訴えるのは、プーチン体制の核心といっていい。一九九九年の首相就任後すぐにチェチェン戦争を仕掛けて国民の支持を獲得し、エリツィンの後継者として翌年の大統領選での勝利につなげた。二〇〇八年のジョージア侵攻や二〇一四年のクリミア半島併合でも求心力を高めている。そして今回、コロナ危機の打撃を受けたあとにウクライナへの侵攻に踏み切った」

つまり、私も先ほど指摘しましたが、対外武力行使によって政権の求心力を高め、権力を維持するのがプーチンの統治の特徴で、今回のウクライナ侵攻もその一環だというのです。さらに、次のような理由も挙げています。

「何よりも大きいのは、プーチンがレガシーづくりにとらわれていることだ。プーチンは今年70歳になる。二十年以上も権力に君臨し、先が短いことを悟ったいま、彼は偉大な指導者として歴史に名を刻もうとしているのだ。ウクライナに誕生した東スラブ民族の最初の国家、キーウ公国で東方正教を国教化した伝説的な大公ウラジーミル（ウクライナ名はボロディィムィル）と肩を並べる存在になりたがっているのだろう」

ちなみに、「ボロディィムィル」は、ウクライナのゼレンスキー大統領の名前です。つまり、プーチンは「権力欲」と「名誉欲」からウクライナ侵攻に突き進んだとホドルコフスキーは指摘しているのです。

ホドルコフスキーというのは、かつて大統領になるかもしれないと言われた人物です。イワショフは引退しているとはいえ、国防省で国際局長も務めたロシア軍の重鎮です。そしてボンダレフというのは、れっきとした外交官でした。同じ外交官でも、プーチンべったりのガルージン前駐日大使とは大違いです。

石平　かたやプーチンに嚙みつき、かたやしっぽを振っているわけだ。

斎藤　あのガルージン大使とはまったく逆です。

恐怖と利権で人を支配する独裁者

斎藤　それから反体制派指導者のアレクセイ・ナワリヌイ。彼は2020年8月、毒を盛られて飛行機の中で昏倒、緊急着陸して病院に搬送されますが昏睡状態が続きます。ロシア国内にいては危ないということで、ドイツの病院に移送して治療を続けた結果、奇跡的に一命を取り止めました。21年1月に帰国すると、ナワリヌイはモスクワの空港で当局に拘束されます。2月には過去の有罪判決の執行猶予が取り消されて実刑が確定、22年3月には詐欺罪や法廷侮辱罪で新たに禁固9年の実刑判決を受けて、いまも刑務所に収監されています。

ナワリヌイは長年、プーチン政権の不正蓄財疑惑を追及しており、先に触れたように21年には黒海沿岸の豪邸を「プーチン宮殿」だと暴露しています。そして22年2月、ロシア軍がウクライナに侵攻すると動画を公開して、プーチンの目的は「ロシア国民からの横領行為を覆い隠し、国内の諸問題から国民の目をそらすことだ」と批判しました。

ナワリヌイのプーチンとの闘いを追ったドキュメンタリー映画『ナワリヌイ』が、22年6月から日本でも公開されていて、私も見ました。その中に大事な言葉がありました。いまロシアでは、「怖くない」という言葉が一番励みになるというのです。「怖くない」――プーチンの恐怖政治が際立つ重いひと言です。

いま紹介したイワショフ、ボンダレフ、ホドルコフスキー、ナワリヌイの言葉をぜひ覚えておいてほしいのです。今回のウクライナ戦争はプーチンが私利私欲でやっていると、この4人は言っています。私もそう思います。

繰り返しますが、この戦争には何の大義もありません。では何があるかと言えば、22年間培った巨大利権と政治権力を何としても守ろうという私利私欲です。

プーチンには離婚したリュドミラ夫人とのあいだに、マリアとカテリーナという36～37歳の2人の娘がいます。それから新体操の女王と言われたカバエワという愛人がいます。

彼女も娘たちとあまり変わらない年齢です。彼らプーチンの身内が持っている財産って、半端じゃないですよ。確かなことは不明ですが、数兆円とも20兆円超とも言われていますす。ちなみにナワリヌイは、「プーチン宮殿」には1000億ルーブルが投じられたと告発しています。当時の相場でおよそ1400億円といったところです。

プーチン政権の周りにいるのは、KGBの昔の仲間、レニングラード時代に世話になった仲間、軍の仲間などです。自分への服従と引き換えに、プーチンは彼らに富と権力を分け与えてきました。もし逆らえば、容赦なく奪います。こうしてプーチン政権は生き残ってきました。つまり、政権を維持するには、一族郎党に分け与える利権と権力を死守する必要があるのです。

プーチンへの誕生日プレゼントは批判者の暗殺

斎藤 ナワリヌイはたまたま生き残りましたけど、彼は例外です。プーチンが死を望んだ人間はほぼ全員、死んでいます。プーチンの誕生日に殺された者もいます。

石平 殺人が誕生日のお祝いということですか。

斎藤 そう、プーチンへのプレゼントと言われています。2021年に編集長を務めていたドミトリー・ムラトフがノーベル平和賞を受賞したタブロイド紙『ノーヴァヤ・ガゼータ（新しい新聞の意）』の記者、アンナ・ポリトコフスカヤが2006年10月7日、プーチンの誕生日に、モスクワの自宅アパートのエレベーター内で射殺されたのです。

彼女はあの残忍なチェチェン紛争の内幕を暴いた人物です。『ノーヴァヤ・ガゼータ』がなぜプーチンに憎まれるかというと、同紙の記者たちがチェチェン紛争を暴いたからです。なかでもポリトコフスカヤが一番活発にチェチェンを取材し、執筆していました。

私は言葉は交わしていませんが、1回だけある集会でポリトコフスカヤに会ったことがあります。彼女が殺されたとき、私はすでにモスクワを離れていましたが、報道写真を見て、「あっ、あのときの女性だ」と思い出しました。知的な、いい顔をした女性でした。

驚くべきことに、プーチン政権に批判的な論陣を張る『ノーヴァヤ・ガゼータ』では、ポリトコフスカヤを含め、これまでに6人の記者や寄稿者が殺されています。チェチェン紛争の真実を暴いた記者たちは全員殺されたと言っていいほどです。間違いなく、プーチンの指示だと思います。プーチン以外に誰が6人の暗殺を指示できるというのでしょうか。稀に見る悪党ですよ、彼は。

そのプーチンの悪業への報い、あるいは祟りとでも言いましょうか。22年10月7日の70歳の誕生日は惨憺たるものになりました。まるでこの日に合わせたように、ノーベル平和

アンナ・ポリトコフスカヤ

賞が発表され、選りによってプーチンが「外国のエージェント（スパイ）」に仕立て上げて2021年12月に解散を命じた、ロシア最大の人権団体「メモリアル（記憶）」と、ウクライナで民間人虐殺などの残忍極まる「プーチンの戦争犯罪」を調査・記録している「市民自由センター」、それにプーチンを後ろ盾に独裁体制を維持しているベラルーシのルカシェンコ大統領に真っ向から歯向かっている人権活動家、ビャリャツキ氏が受賞しました。ビャリャツキ氏は裁判もなしに投獄されたままです。

私は受賞者の一報を聞いたとき、思わず、ノルウェーのノーベル賞委員会にノーベル賞を差し上げたいような痛快な気持ちになりました。ウクライナ侵略のまさに〝現場〟の、言うなればスラブ3国・人権連合への授賞は、プーチン独裁体制を絶対に許してはならないという強烈なメッセージにほかなりません。

「メモリアル」はゴルバチョフ時代の政治改革・ペレストロイカ下で87年に創設され、スターリン時代の大粛清などの弾圧を糾弾し続けてきました。創設にはソ連で初めて75年にノーベル平和賞を受賞した物理学者で、反体制運動の精神的支柱だったアンドレイ・サハロフ博士らが中心的役割を果たしました。ソ連の体制悪史の最初から今までを記録してきたのです。ロシアでは２０２１年のノーヴァヤ・ガゼータ紙のムラトフ編集長に次いで２年連続の受賞ですよ。ノーベル賞委員会は、人権や「法の支配」を尊重する市民社会こそが、平和の礎なのだと訴えていますが、プーチンに聞き入れる耳などないでしょうね。

プーチンは自身の古稀の誕生日について、崇拝するスターリンと同じような絢爛たる式典を頭に思い描いていたのではないかと私は思います。スターリンは独ソ戦に勝利し、東欧も共産化して影響圏を広げ、東では北方領土まで強奪して「地上の赤い神」になりました。その１９４９年12月21日の70歳の式典はモスクワのボリショイ劇場で行なわれ、東欧の全首脳は無論、その年10月１日に中華人民共和国を建国したばかりの毛沢東も馳せ参じて「権力と個人崇拝の絶頂」を成す一大祝典でした。

プーチンもウクライナ全土を併合して「領土を拡大した英雄」として終生、皇帝として君臨して歴史に名を刻もうと妄想を巡らせたはずです。それが、海外からの祝電といえば、まともなものは北朝鮮の金正恩だけで、習近平から祝電が届いたかについては中ロ両国が発表さえしていません。

加えて翌8日にはクリミアとロシアを結ぶクリミア大橋まで爆破されました。併合の象徴としてプーチン自らがトラックを運転して渡り初めまでした、いわば〝分身〟の爆破は大痛撃だったはずで、報復としてウクライナ全土への連日の大規模なミサイル攻撃で新たな戦争犯罪に手を染めました。止めどなき悪党というほかありません。

じつはスターリンの誕生日祝典の4カ月前である1949年8月29日、ソ連は米国の広島、長崎への原爆投下から4年たって初めての核実験に成功し、関係者のあいだでは「これこそスターリンへの最高のバースデー・プレゼント」と言われました。73年後のいま、その核兵器をプーチンがウクライナ侵略で現実に使うのではないかと世界で強い懸念を呼んでいるわけです。彼の凶暴性には限界というものがありません。

私の最初のモスクワ特派員時代、ゴルバチョフの政治改革・ペレストロイカ時代ですが、ソ連当局の嫌がらせを何度か受けました。たとえば真冬に支局の自動車のタイヤが四つ、一遍にパンクさせられて、長期間、取材に支障をきたしたことがあります。極寒のなか、もし遠出したときにこれをやられたら命にかかわります。夜、帰宅して電気をつけると、本棚が乱暴に倒されていたり、花瓶とテレビの位置が入れ替わっていたりしたこともあります。

ソ連時代、そのような嫌がらせを受けたことはありますが、内外の記者が殺されたという話は聞いたことがありませんでした。しかしプーチン政権下では、ジャーナリストや元情報機関員、政治家の暗殺が相次いでいるのです。

自分に批判的な人間を平気で殺すプーチンのような人物のメンタリティを、日本人はなかなか理解できないと思います。日本人は性善説だから、いずれ相手はわかってくれると考えます。

石平 いや、アジアの中で、むしろ日本が特殊なんだと思いますよ。李氏朝鮮も同じようなことをやっています。中国もロシアも同じです。権力者が批判者を殺すのは、ふつうのことです。日本だけが違っています。

だって日本では、最後の将軍・徳川慶喜は悠々自適で、大正2年（1913年）まで生きています。中国だったら、真っ先に殺されます。

侵攻前の中ロ共同声明を読み解く

石平 お話を聞いていると、やはりプーチンと習近平はよく似ていますね。プーチンが83歳まで大統領をやろうとしているなら、習近平は死ぬまで国家主席をやろうとしています。そしてプーチンは権力を維持するためにウクライナに侵攻しました。習近平も権力を握り続けるには、「祖国統一」つまり台湾併合という業績をつくりたいと考えています。台湾侵攻については、あとで論じるとして、まずはプーチンのウクライナ戦争に、習近平はどのように関わっているのか、というところからお話ししたいと思います。

ご存知のように、ロシアのウクライナ侵攻前、プーチンと習近平が会ったのは、２０２２年２月４日、北京冬季オリンピックの開会式に出席するためにプーチンが北京を訪れたときでした。

ウイグルでの人権問題などを理由に、西側諸国が次々に外交的ボイコットを表明し、主要国の首脳は北京五輪の開会式にほとんど出席しませんでした。大統領級が出席したのは、チャイナ・マネーでかき集めた小国がほとんどでした。このままだと習近平の面子（メンツ）は丸潰れになったでしょう。しかし大国の首脳としてプーチンが出席したことで、習近平の面子は保たれたのです。

開会式の前に習近平とプーチンは長い会談を行ないました。このとき密約があったかどうかは、よくわかりません。しかし、会談後に発表された共同声明をそのまま読めば、習近平はプーチンの戦争を後押ししたとしか解釈しようがありません。

たとえば、プーチンが戦争の口実に使ったＮＡＴＯの拡大について、両国は「ＮＡＴＯの拡大に反対する」と明記しています。そして、ＮＡＴＯにこれ以上拡大をしないことの法的保証をロシアが求めていることについて、「中国側は共感し、支持する」としています。要するに、プーチンの言い分を完全に支持するという意思表明です。

さらにこの共同声明では、今後の中ロ関係について、「両国の友好関係に上限はなく、協力関係に立ち入り禁止区域はない」と表明しています。「上限のない友好関係」「立ち入り禁止区域のない協力関係」には、軍事同盟も含まれると見るのが自然でしょう。

また、この首脳会談のあと、ロシアから中国への天然ガス供給量を大幅に増やすことで両国が同意したと発表されました。これは非常に大きな意味を持っています。というのは、欧米はプーチンに、もしウクライナに侵攻したらロシアから天然ガスはもう買わないぞと警告して、戦争を食い止めるための外交カードとして天然ガスの輸入制限を使っていたからです。しかし中国がロシアからの天然ガス輸入を大幅に増やすことで、西側のカードが1枚無効にされたわけです。これはプーチンにとって、非常に心強かったと思われます。

こうして見ると、2月4日の中ロ首脳会談および共同声明は、プーチンの戦争を支援するためのものだったとしか思えません。ひょっとしたら、プーチンが最終的に戦争を決断したのは、この日だったのかもしれません。

その後、プーチンはロシアに帰って、着々と戦争の準備を進めます。プーチンは習近平の面子を立てて、北京五輪の閉幕まで開戦を控えていたのだと思います。北京五輪の閉会式は2月20日でした。そして24日、プーチンは満を持してウクライナ侵攻に踏み切ったわけです。

「貸し」をつくろうとした習近平

石平　じつはプーチンがあの戦争に踏み切った24日の夜、中国の王毅外相とロシアのラブロフ外相は電話会談を行なっています。その中でラブロフは、ウクライナがＮＡＴＯ加盟を求めていることに言及して、「自国の権益を守るために必要な措置を取らざるをえなくなった」と主張しました。これに対し王毅は「ロシアの安全保障上の合理的な懸念を理解している」と答えています。遠回しな言い方ですが、要するに中国はプーチンの戦争を支持すると表明したわけです。

斎藤　「合理的な懸念を理解している」とは、そういうことですよね。

石平　さらに同じ24日、中国は「ロシアからの小麦の輸入を全面的に開放する」と発表しています。「輸入を全面的に開放する」とはどういうことかというと、それまで中国は検疫などの理由から、輸入する小麦の生産地域を限定していましたが、その制限を撤廃して、ロシアの全生産地からの輸入を認めるということです。つまり、ロシアからの小麦の輸入を大幅に拡大すると宣言したのです。

その意図は明白でしょう。ロシアは世界最大の小麦輸出国ですが、この先、西側諸国の経済制裁で輸出量が減少する可能性があります。中国が輸入を拡大することで、経済制裁の影響を緩和して、ロシアを支援しようということです。

この2月24日の時点で、習近平はプーチンの戦争への「支援」を通り越して「加担」に踏み切ったと私は見ています。

では、どうして習近平はそこまで踏み込んだのでしょうか。一つは本章の冒頭でも触れましたが、２０２１年末までに、西側の対中国包囲網がほぼ完全にでき上がっており、中国もそれにかなり圧力を感じていたからだと思います。もしプーチンがヨーロッパで新しい戦争を始めれば、西側はそちらに力をシフトして、プーチンに対処しなければなりません。そうなると、中国に対する圧力はおのずと緩和されます。習近平はそれを望んでいたと思われます。だから習近平はロシアを支援し、プーチンに開戦を促したのです。

もう一つは、台湾を併合するために、いずれ軍事行動を発動することが、習近平の既定路線になっているからだと思います。おそらく習近平の腹づもりとしては、今回プーチンの戦争を応援する代わりに、自分たちが台湾に侵攻するときにはプーチンに支援してもらう、そういう構図をつくりたかったのでしょう。要するに、いまはプーチンに「貸し」をつくっておこうというわけです。

ウクライナ人を見誤ったプーチンの大誤算

石平　幸いウクライナ人が必死に抵抗し、ゼレンスキーも逃げずに応戦して、プーチンの戦争はうまくいっていません。ロシアはずっと苦戦を強いられています。しかも西側は、すごく制裁を強めている。

そういう意味では、中国の台湾侵攻の追い風にはなりませんでした。もしプーチンの戦争がうまくいっていたら、習近平はその流れに乗って、「サッサとやってしまおう」とばかりに、台湾に手を出していたかもしれません。しかし、ロシアの苦戦を見て、習近平はプーチンとの関係を徐々に修正しています。

ではなぜ、プーチンの戦争はうまくいっていないのか。それはプーチンに誤算があったからではないかと思うのですが、斎藤さんはどう見ておられますが。

斎藤　いや、大誤算がありましたね。巷間、言われていることですけども、プーチンはキーウを4日で簡単に取れると思っていた。これは完全に誤算ですよ。

RIAノーボスチという国営通信が侵攻2日目の2月26日の朝、ロシアの勝利を伝える記事を誤配信したじゃないですか。「ウクライナはロシアの手に戻った」と。プーチンだけでなく、軍もメディアもみんな、侵攻すればあっという間に片が付くと思っていたんでしょうね。

石平 すぐに速報を流せるように、原稿をつくっておいたんでしょうね。

斎藤 そうそう、予定稿を誤って配信してしまったようです。真偽のほどは定かでありませんが、4日目にはプーチンがキーウで勝利の軍事パレードをする予定だったという話まで伝わっています。それくらいウクライナを甘く見ていたのは確かだと思います。ところがウクライナ人は、もう頭の中がまったく違っていた。

石平 どう違っていたんですか。

斎藤 ロシア人の知っている昔のウクライナ人ではなくなっていたのです。それを説明するためには、話をソ連崩壊のときに戻す必要があります。今回の戦争はソ連崩壊から始まっているからです。

ウクライナ戦争の原点はソ連崩壊

斎藤　ソ連崩壊の原因は、アメリカとの軍拡競争に負けたとか、アフガニスタン侵攻の後遺症だとか、民族紛争だとか、いろいろありますけど、政治手続的には、１９９１年12月1日に行なわれたウクライナ独立の是非を問う国民投票がすべてなんです。

私はこのとき、現場にいたんですよ。私、けっこう現場にいるんですよ。当時はいまと違って痩せていて体も軽かったので、どこへでもホイホイ行ったものです。

石平　まさに歴史の現場にいたんですね。

斎藤　91年12月1日のウクライナの国民投票、結果は独立に「賛成」が90％以上でした。おそるべき得票率です。これにエリツィンが小躍りしたんですよ。「いまだー！」と。ソ連第二の共和国ウクライナが独立するとは、どういうことか――。

石平　もうソ連は崩壊する……。

斎藤　そのとおりです。ソ連をつくったのは、ロシアとウクライナとベラルーシと、それからザカフカスの4カ国でした。ザカフカスというのは、アゼルバイジャン、アルメニア、ジョージアの3カ国を統合してつくられた連邦国家です。この4カ国で１９２２年12

月にソ連邦をつくった。２０２２年の今年はちょうど１００年です。このときの主な国はスラブ３共和国ですが、やっぱりウクライナがなかったら、ソ連という国は成立しなかったと言われています。大穀倉地帯で、軍事的にも経済的にも二番目の重要な国でした。

そのウクライナで91年12月1日、独立派が大勝したのです。これを受けてロシアのエリツィン大統領が「よし、いまだ！　いましかない！」と、12月8日、クラフチュクというウクライナの大統領と、シュシケビッチというベラルーシの最高会議議長を急遽、招集します。スラブ３共和国の首脳が集まったのは、ベラルーシのベロヴェーシの森にある別荘でした。ベロヴェーシの森というのはポーランドとの国境に近い深い森で、かつてはフルシチョフの別荘があったところです。そこで３人の首脳はソ連の消滅とＣＩＳ（独立国家共同体）の創設を決めてしまったのです。

12月8日、昼間に３首脳の会談があり、夜に何らかの発表があるということでした。私はウクライナからベラルーシの首都ミンスクに転戦しましたが、それほど重要な会談だとは思われていなかったため、現地入りした日本の記者は私と、同じホテルにいた朝日新聞の記者だけだったと思います。他社の記者は確認できていません。

当日の夜、３首脳の合意文書が出たと聞いて、私はベラルーシの外務省に取りに行きました。文書をひったくるように受け取ってタクシーに乗り込んだ私は、車内の明かりに文書をかざして読もうとしたのですが、おんぼろタクシーだからひどく暗いんです。そうやって読み始めた私は、最初の1行に度肝を抜かれました。「ソ連邦は国際法上の主体として、地政学的な現実として、存在を停止する」と書かれていたからです。

日本語にすれば「存在を停止する」、英語だと「stop existing」でしょうか、ロシア語の原文では、そういうまだるっこい表現が使われていました。

ホテルに戻ると、ふだんはほとんど会話がない朝日の記者が珍しく私のところにきて、「斎藤さん、これ、どういうことだと思いますか。やっぱりソ連がなくなるということですかね」と聞かれたので、「それしか考えられないわなぁ」と答えました。

「ただ、3カ国の首脳だけで、こんなことが決められるんですかねぇ。法的にはどうなんですか」

「法的にあるわけないだろう、初めての経験なんだから、こんなものは」

「じゃあ、消滅するって書きますか」

「崩壊でもいいんだけど、そのとおり書くよ。存在を停止する。つまり消滅するということだろ」

そんな会話を交わした記憶があります。

12月8日の夜中です。朝刊の締め切りはもう終わっていました。国際電話には利用者が殺到し、一度電話を切るともう繋がらない恐れがあります。私は東京と電話を繋ぎっぱなしにして、勧進帳というのですが、文字にしないで頭の中で記事を書き、口頭で夕刊向けの原稿を送りました。衝撃的な夜でした。

ＣＩＳ発足時から違う方向を見ていた両首脳

斎藤　91年12月8日、文書の1行目を読んで私が驚愕した3首脳の合意を、「ベロヴェーシ合意」といいます。ソ連を消滅させＣＩＳを創設するという合意のシナリオを書いたのは、ブルブリスという当時のロシアの国務長官でした。エリツィンの戦略参謀とでもいうべき切れ者です。

その後、91年12月21日、ソ連を構成する15の共和国のうちバルト3国を除く12カ国が参加してＣＩＳが発足すると、25日、ゴルバチョフソ連大統領が辞任して、ソ連は消滅しました。このときウクライナはＣＩＳという緩やかな主権国家の連合体の一員になったのです。

しかし、ＣＩＳが一枚岩というわけではありませんでした。じつはソ連末期から、ロシアとウクライナは対立を抱えていました。かつてフルシチョフがクリミア半島をロシアからの贈り物として、ウクライナに移管した経緯があり、ソ連からの独立の気運が高まる中で、クリミアの帰属をめぐって対立が表面化してきたのです。

ウクライナとの協力関係を維持したいエリツィンは、ベロヴェーシ合意に、「締結国は共同体の枠内で相互の領土保全と現存する国境線の不可侵を認め、尊重する」という「領土条項」を設けて、ウクライナを国家連合に引き留めようとしました。つまり、CISに留まっているかぎり、ロシアはクリミア返還要求など、領土問題を提起しないということです。

こうしてCISは発足しました。そのときエリツィンは、「ゆったり緩やかな仲間でいようよ。ただし俺は、相変わらずCISの中央にあって、盟主でいるぞ」という気持ちでいました。しかしウクライナのクラフチュク大統領は、CISに入るときから「いつか出て行くぞ」と考えていたのです。

そういう対立を抱えつつも、ソ連という超大国の崩壊が、CISの発足という形でソフトランディングできたのは、同じ91年の6月に始まったユーゴスラビア紛争のような事態だけは避けたいという意識が、首脳たちのあいだで共有されていたからでした。ユーゴスラビアでは、崩壊の過程で、複数の民族が入り乱れて殺し合う、血みどろの紛争が始まっていました。

ソ連の崩壊に際して、もしナンバー1のロシアとナンバー2のウクライナが衝突したら、ユーゴスラビアの二の舞になりかねません。そのような流血の事態だけは避けたかったのです。

結果として、ソフトランディングには成功したものの、ＣＩＳ発足時からロシアとウクライナの首脳は、別々の方向を見ていたのでした。

いまや完全に西を向いたウクライナの人々

斎藤　独立後のウクライナでは、親ＥＵ派政権と親ロ派政権のせめぎ合いが続いてきました。初代のクラフチュク大統領も、続くクチマ大統領も、ハッキリと西側を向くことはできませんでした。まだロシアが怖かったからです。

しかし２００４年のオレンジ革命で親ＥＵ派のユシチェンコが大統領となって初めて、ウクライナに完全に西向きの政権ができました。ユシチェンコは親ロ派の対立候補ヤヌコビッチと争っていた２００４年の大統領選挙中に毒を盛られて倒れ、命は取り止めましたが顔があばただらけになってしまいました。この事件には、やはりロシアが関与していたといわれています。ひどい国です、あの国は。

ユシチェンコの親ＥＵ派政権のあと揺り戻しがあって、２０１０年には親ロ派のヤヌコビッチ政権が成立します。しかし14年にマイダン革命でヤヌコビッチがロシアに亡命すると、ウクライナは完全に西向きの国になります。今回の戦争で、そのことがよくわかりました。

私と一緒にロシア入国禁止になった49号の遠藤良介君は、あの入国禁止リスト63人の中で唯一、現役バリバリのロシア担当記者なんですが、この5月と8月、ウクライナに取材に行ったんです。その彼が言っていました。「斎藤さん、１００人にインタビューしたら、１００人全員が西側を向いていました。昔はソ連の一員だとか、ちょっとはロシアにシンパシーがあるとかいう人もいましたが、いまはそんな状態じゃないんです。まったく違う国になっていました」と。

ウクライナ人の頭の中が、以前とまったく違っていたのです。しかしプーチンはそれを知りませんでした。この誤算が、今回の戦争がうまくいっていない大きな理由の一つです。

石平　最大の誤算でしょうね。

斎藤　そう、失敗の源泉ですよ。ウクライナ人の頭の中が変わったことを知らないものだから、プーチンは4日間で勝てると思っていたわけです。侵攻すれば、ウクライナ人はロシア軍を歓迎してくれるだろうと。クリミアはほとんど無血で取ったから、ウクライナも簡単に取れると、完全に見くびっていた。

２０１４年にクリミアを併合したあと、プーチンは18年の大統領選挙では得票率76％超で大勝しました。それで20年に憲法を改正して、24年から２期12年、83歳まで大統領でいられることになったものだから、24年の選挙に勝つために今回の戦争を仕掛けたともいえます。ウクライナを取って、次の選挙に勝って、終身皇帝になろうとした。そういう面では、論理的ともいえます。ところが、ウクライナを簡単に取れるという前提が間違っていました。

中ロほどお互いを信用しない国同士はない

斎藤　さっき石平さんは、ロシアの苦戦を見て習近平がプーチンとの関係を修正していると言われましたが、２０２２年６月にその兆しはすでに現れていました。

６月15日は習近平の誕生日なんですね。その日プーチンが習近平にお祝いの電話をかけて、ロシアを訪問するよう要請したそうです。ところが習近平は、まだコロナが収束していないからと、誘いを断ったというのです。２月４日にプーチンが北京に行ったから、外交儀礼上、今度は習近平がモスクワに行く番だったんです。ところが、習近平は蹴ったらしい。これはちょっと面白いんじゃないかと思いました。

石平　習近平はコロナ以来、長く中国を出ていませんでした。コロナを怖がっているんです。それが訪ロを断った理由の一つでしょう。もう一つは、「いまは俺のほうが上や」(笑)、ということじゃないですか。

斎藤　おっしゃるとおり。

石平　2022年9月15日、上海協力機構首脳会議出席のためにウズベキスタンを訪問した習近平とプーチンは、ロシアのウクライナ侵攻後初めて、対面での中ロ首脳会談を行ないましたが、このときの習近平のプーチンに対する態度は、さらに冷淡なものでした。侵攻前の2月4日に北京で行われた首脳会談で誇示されたような両国の蜜月ぶりは、もはや見られませんでした。

斎藤　そうですね。ウクライナ情勢をめぐって、「中国側の疑問と懸念は理解している」とプーチンのほうから言っており、むしろ習近平に気を遣っています。「こんなことをやっていてゴメンなさい」と言っているような印象を受けます。これに対し習近平は、ウクライナ情勢に関していっさい発言していません。

ただし、台湾情勢に関してプーチンが「ロシアは米国や従属国による挑発を非難する」

と中国への支持を表明すると、習近平も「激変する世界で、中国はロシアとともに大国の模範を示し、主導的役割を果たす」と応じ、対米関係においては中ロの結束をアピールしています。アメリカに対しては、これからも中ロが連携しないと心細いということです。

石平　ロシアのウクライナ侵攻後、習近平とプーチンのあいだで起こっているのは、立場の逆転であって、中ロのパートナー関係が終わったということではありません。

習近平から見れば、歳は一つしか違いませんが、プーチンは最高権力者としても独裁者としても大先輩です。習近平が田舎の幹部だったころ、プーチンはすでに国際政治の大舞台で活躍していました。「いままでずっとあんたの背中を見てきた」――習近平にとってプーチンはそういう存在でした。「しかし、あんた、こけたやろ。いまは俺が上や」――ウクライナで苦戦するプーチンを見て、習近平の意識はそのように変わったはずです。要するに上下関係が逆転したわけです。

中国共産党というのは、強いものを尊敬しますが、弱くなったものには同情もしません。ウクライナ戦争前、習近平から見ればプーチンは万能の神様のような強い指導者でした。しかし、戦争が始まってみると、ロシア軍は負けっぱなしで、プーチンも判断ミスを重ね、西側の厳しい経済制裁を受けてロシア経済はますます中国への依存を強めています。習近平の意識の中で、プーチンは「尊敬すべき兄」から「出来の悪い弟」に変わったのだと思います。

だから首脳会談でも、プーチンに対してぞんざいな態度を取ったのです。同時に、西側との関係が完全に決裂するのは避けたかった、ということでもあると思いますが、習近平は首脳会談のなかでウクライナ戦争にはいっさい触れず、ロシアが喉から手が出るほど欲しがっている経済的・軍事的支援にも言及しませんでした。

それにもかかわらずプーチンは「中国のバランスの取れた姿勢を高く評価する」と言って、盟友関係の今後に期待するしかありませんでした。

かといって中国がロシアとのパートナー関係を解消することは絶対にありません。いま習近平にとって戦略的パートナーといえる大国はロシアだけです。欧米と対立するなかで、核大国でもある仲間を失いたくないからです。また、プーチン政権が潰れたら、欧米が叩く対象は習近平だけになってしまいます。習近平にとってプーチンは、欧米の圧力を半分ぐらいに減らしてくれるありがたい存在でもあるのです。

斎藤　中ロの上下関係が逆転したことは、プーチンもわかっているでしょうし、中国と袂を分かったら、ロシアがもたないことも理解しているはずです。プーチンは内心、忸怩たるものがあるでしょうね。歳は一つしか違いませんが、「なんだ、このやろう、若造め！」と思っていますよ。「俺はもう22年もやってるんだぞ。お前はまだ10年じゃないか」と。

核兵器の数も、ロシアが断トツに多いですしね。

石平 そう、そう。じつは、中国とロシアほど、本心ではお互いを信用しない国同士もそんなにないんですよ。

斎藤 そのとおり。

石平 むしろすごく警戒しています。だいたい、ヤクザはヤクザを信用しない。自分もルールを守らないけど、相手もルールを守らない。だから彼らから見れば、アメリカ大統領のほうがよほど信用できるんですね（笑）。

そこでロシアの現状はというと、ウクライナを見くびっていたせいで、苦戦を強いられています。しかも西側の制裁がだんだん効いてきて、経済状況もおそらく、だんだん悪くなるでしょう。さらに中ロ関係もそれほど磐石ではないかもしれない。

もっとも、制裁を仕掛けるわれわれもけっこう大きなダメージを受けているんですけどね。エネルギー価格をはじめ、いろいろな物価の上昇といった形で。

そういう中で、どうでしょう。ロシアという国はこれから、いろんな意味で転落するしかないんでしょうかね。

斎藤 まあ、いまはエネルギー価格が上がっているし、西側への輸出が減っても中国とインドが買ってくれるから、ロシアも持ちこたえていますが、いつまでも続くものじゃない。やはり日本や欧米がやった経済制裁は、ボディブローとなって効いてきます。

人口問題、人材流出、経済制裁で衰退へ

斎藤　いずれにしても、ロシアは衰退せざるをえません。一番の要因は人口問題です。特に懸念されているのがイスラム問題で、ソ連が崩壊する頃からロシア人はどんどん減少しているのに対し、イスラム系の民族はどんどん増えているんです。ちなみに、ここでいう「ロシア人」とはロシア国民という意味ではなく、民族としてのロシア人のことです。

それで、全体として見れば人口は減っています。いま、ロシアの人口は約1億4600万人ですが、2021年の1年間だけで、およそ100万人減ったといわれています。この調子でいくと、十数年後には1200万人ぐらい減ると推定されています。

このように全体の人口が減っているなかで、チェチェン人のようなイスラム系の民族は増えているわけです。ソ連が崩壊したときに、私はタタール人の多く住むタタルスタンやバシコルトスタンといった国を回ったのですが、やはり独立意識は高かったですね。いまでもそうだと思います。ロシア人が減ってイスラム系が増えると、あちこちで独立運動が始まるんじゃないかと思います。

こうした人口減少問題にロシアはいま、とんでもない方法で対処しています。侵攻以降、占領地域や親ロ派勢力の支配地域に住んでいるウクライナ人を拉致して、ロシアに強制移住させているのです。その数は数十万とも百数十万ともいわれています。

またプーチンは大統領令で、占領地住民が簡単にロシア国籍を取れるようにしています。それで占領した地域のウクライナ人に、ロシアのパスポートを発行しているのです。こうして占領地のロシア化を進めるのと同時に、ロシア国籍を持つ住民の人口を増やしています。そこまでしてロシアはいま、必死に人口を増やしているのです。

だから、プーチンは今度の戦争を人口問題の解決に利用しようとしているんじゃないか、それも戦争目的の一つじゃないかと私は睨んでいるんですよ。本当は何の解決にもならないんですけどね――ああ、だんだん興奮してきた（笑）。

一方で、侵攻後に何が起きたかというと、プーチンに嫌気がさした３００万とも４００万ともいわれる人たちが、ロシアから逃げ出しました。もうこんな国はイヤだと。そのうちの１割ぐらいは、今後、国を背負っていくはずの「高度人材」だといいます。何十万もの「頭脳流出」がすでに始まっているのです。

こうして以前からの人口減少に歯止めがかからないうえに、優秀な人材がいなくなる、経済制裁がボディブローのように効いてくる。軍事的には、消耗戦で通常戦力がどんどんなくなり、もう核戦力しかなくなる。国民も精神的にダラ～ンと弱くなるのが、目に見えています。

そうなると、頼るのは中国しかない。

石平 なるほど。十分考えられますね。

斎藤 ロシアはいずれ、「中国におんぶに抱っこに肩車」みたいになるんじゃないかと私は思っているんですよ。

「ラスプーチン、プーチン、チン」

斎藤 私が一回目のモスクワ特派員だった頃、ソ連崩壊で無法状態になった極東ロシアで、「中国人が押し寄せてくる」という流言飛語が広まったことがあります。いわゆる黄禍論です。それがいま、現実となりつつあるのです。

2016年の調査では、極東ロシアの人口はわずか620万人で、ソ連末期より200万人も減っています。これに対して中国側の東北地方、つまり吉林省・遼寧省・黒竜江省の合計は約1億3000万人です。労働力不足に悩むロシア側へは、浸透圧よろしく国境を越えて多くの中国人が流入していて、合法・違法の滞在者は最大150万人といわれています。

その中国人滞在者の男性がロシアの現地女性と結婚して子供ができ、中国人となっているケースもけっこうあるようです。そうすると、ますます人口問題が深刻になって、ロシアの国力そのものが衰弱してくる。私は、ひょっとするとロシアは中国に隷属することになるんじゃないかと思っています。

まず経済的に中国にすがるしかなくなる。そうなると、軍事的にも言いなりにならざるをえない。いくらロシアが核兵器を持っていても、そんなに使えるものではありません。中国だって持っているしね。結局、隷属関係にならざるをえないと思います。

じつは国際政治学者のあいだで語られている語呂合わせジョークがあるんですよ。

「ラスプーチン、プーチン、チン」

というのがそれです。ラスプーチンは帝政ロシア末期にニコライ2世一家に取り入り、宮廷内で絶大な権力を振るった怪僧、プーチンは言わずと知れた現大統領です。では最後のチンが何かというと、中国人の象徴的な姓です。シュウでもリーでもいいのですが、語呂合わせだからチンというわけです。

つまりこれは、過去、現在、未来のロシアの支配者を並べたもので、将来、ロシアは中国人に支配されるという予測、ないしは警告を込めたジョークなのです。といっても、

〝チンさん〟が支配するのは、さすがにロシア全土ではありません。4000キロの国境で中国と接する極東ロシア地域です。

いまや人口でもGDPでもロシアは中国のほぼ10分の1にすぎません。〝チンさん〟が実際に極東ロシアの支配者になるかどうかはさておき、ロシアは中国に「おんぶに抱っこに肩車」の隷属状態にならざるをえないと思います。

中ロの軍事協力は新たな段階に

斎藤 ロシアが中国に隷属するようになると、日本にもいろいろな影響が出てくると思います。2022年7月には、尖閣諸島の接続水域にロシア海軍の艦艇が現れています。もうそこまで軍事協力は進んでいるということです。

2021年10月には、中国とロシアの海軍艦艇が日本をほぼ一周しています。中ロの軍用機が日本周辺で共同飛行するのも、何度も確認されています。22年の5月には中ロの爆撃機が日本周辺の日本海や東シナ海、太平洋上空で長距離にわたって共同飛行しています。

私は中ロが共に尖閣を威嚇し、中ロが共に北方領土を威嚇するんじゃないかと思っています。だから、次は中国の艦艇が北方領土に現れるんじゃないかと思っているほどなんです。

石平　もう現実の危険が迫っているということです。先ほども言いましたが、ウクライナ戦争前には、西側による中国包囲網ができ上がっていました。特にインド太平洋地域では、中国に対峙するために、クアッド（QUAD）ができて、オーカス（AUKUS）もできていたわけです。しかしプーチンが戦争を始めた結果、ロシアは経済的に中国に全面依存する以外に生きていく道はなくなりました。

斎藤　そう、賛成。

石平　しかも、ロシアがこれからある程度の軍事力を維持するためには、中国から部品やら電子機器やら、いろいろ調達しなければならない。要するに、軍事・経済の両方で、中国に全面依存せざるをえなくなります。ある意味、ロシアは中国の属国になるようなものです。

そうなると当然、中国はロシアを引っ張り出して、インド太平洋戦略の道具として使うでしょう。西側の中国包囲網、とくにインド太平洋地域での包囲網が、中ロ連携によって弱体化される恐れが出てきたのです。

もう一つ、プーチンはこれ以上のＮＡＴＯの東方拡大は受け入れられないといってウクライナに侵攻した結果、NATOを拡大させることになりました。これまで中立を守ってきたスウェーデンとフィンランドをNATO加盟に突き動かしたのは、明らかにプーチンのウクライナ侵攻でした。

プーチンが失敗を挽回するために、何らかの軍事的成果を狙おうとしても、NATOという厚い壁に阻まれて、ヨーロッパ方面ではもうどうにもならなくなりました。結果として、ロシアは本気になって、中国と歩調を合わせ、アジアとくに日本周辺に襲いかかる恐れがあります。そうなると日米同盟は中国に対処するだけで大変なのに、中ロの両方に対応するという難しい事態に直面します。

そんななか、2022年4月にはロシアの政党「公正ロシア」の党首が突然、「ロシアは北海道にすべての権利を有している」と言い出しました。同党は議会では野党ですが、政権に従順な体制内野党なので、その主張はプーチン政権の主張と見ていいでしょう。

その流れで、斎藤さんも言われたように、ロシアが尖閣諸島で中国を応援し、中国が北方領土でロシアを応援するという動きが出てくる。そして最後に、台湾問題で中ロが歩調を合わせてくる。このような大変危険な世界が突如、この数カ月でわれわれの前に現れたのです。これは2021年末まで予測もできなかった激変です。

新たな中ロ軍事同盟のターゲット

斎藤　おっしゃるとおり。しかも、プーチン後も、状況が好転するとは思えません。プーチンの後任が誰になろうと、民主的な指導者が出るとは思えない。たとえば、さっき言った反体制派の指導者ナワリヌイでさえ、北方領土は返さないと言っています。日本に友好的なトップが現れるとは到底思えません。一方、中国はといえば、ロシアの大統領がどうあれ、抱き込もうとするでしょう。ロシアのトップはやはり、これに従わざるをえないでしょう。

そうなると、やはり中ロの軍事同盟が生まれる危険性があります。かつてスターリンと毛沢東が結んだような軍事同盟です。

石平　その毛沢東・スターリンの軍事同盟から朝鮮戦争が始まった。

斎藤　そうです。では、中ロの新しい軍事同盟が狙うのはどこか。

先ほど石平さんが言われたように、ウクライナに侵攻したことで、結果としてNATOを拡大させることになったのは、プーチンにとって大きな誤算でした。しかも新しくNATOに加盟するのが、こともあろうにこれまで中立を守ってきたスウェーデンとフィンランドです。最近加盟したバルカン諸国などとは桁違いな軍事力です。

日本の非武装中立論者は、中立というのは武装もしないものと思っているけれど、とんでもない話で、スウェーデンというのは軍事強国ですよ。フィンランドも、隣国ロシアと長年対峙してきたから、軍事力を近代化し強化してきました。この2カ国にＮＡＴＯ原加盟国のノルウェーを加えて、スカンジナビア半島が全部、ＮＡＴＯになってしまいました。

そうすると、ロシアの飛び地のカリーニングラードがＮＡＴＯに包囲されて、自由になる軍事空間がものすごく狭められてしまいます。軍事的には身動きが取れなくなる。バルト海はもうほとんど、負けたと同じ状態です。

だからこそ、石平さんが言われたように、ロシアは東に出てくるしかありません。

石平　これまで見てきたように、プーチン政権というのは、どこかで戦争を仕掛けて勝ち続けないと存続できない政権ですからね。ヨーロッパでどうにもならなければ、極東で何かやるしかありません。

斎藤　そして、極東で残っているのは日本だけです。

石平　要するに、日本はいきなり最前線に立たされてしまう。

斎藤　いま、日本は米中対立の最前線です。これにロシアがバックアップで加わるわけです。そうすると、あの金正恩(キム・ジョンウン)が、さらに加わってきますよ。

中ロ朝という悪の枢軸が束になって、今度はかかってくる。

石平 もう朝鮮戦争の悪夢の再来です。毛沢東・スターリン・金日成の悪党三兄弟に代わって、習近平・プーチン・金正恩という新しい悪党三兄弟が極東で戦争を起こそうとしている。ターゲットは日本です。

斎藤 日本の政治家にそういう危機感はまったくありません。

それから先ほど石平さんが紹介されたように、2022年4月、野党「公正ロシア」の党首が、「ロシアは北海道にすべての権利を有している」と言って、何の権利か知らないけれど、物議を醸しました。

さらに2018年にプーチンは、アイヌ民族をロシアの先住民族に認定すると述べています。これはロシア軍がウクライナのドンバスに入るのと同じ理屈です。ドンバスでロシア人がいじめられているから保護しなければいけないといって侵攻しました。アイヌ民族をロシアの先住民族に認定するのは、北海道でアイヌが日本人にいじめられている、アイヌ民族を保護するという口実で侵攻するための布石です。

これは単なる威嚇とも言えません。なにしろスターリンは北方領土だけでなく、戦後、北海道の北半分、留萌—釧路以北を要求した前科があるからです。幸いトルーマンがその要求を拒否したので、北半分は取られなくて済みました。もしあのとき取られていたら、いまごろわれわれはロシア語をしゃべっていたかもしれません。

日本にとって良かったのは、日露戦争で負けなかったこと、それから第二次世界大戦で北方領土を取られたのは悔しいけれど、北海道の北半分を取られなかったことです。そのおかげで、日本民族がまだ日本語をしゃべっていられるのです。四島から追い出された北方領土の島民は、非常に悲惨な思いをされていますが……。

でも、今度こそわかりませんよ。10年後にわれわれが、われわれの子孫が中国語をしゃべっているかもしれないし、ロシア語をしゃべっているかもしれません。もう、そういう時代になっているのです。

石平 日本人やその子孫が中国語をしゃべるの？ それ、一番イヤだな。せっかく帰化したのに、私や子孫、また中国語をしゃべるのかよ。

斎藤 いいじゃないですか、石平さん、完璧な中国語が使えるんだから。

石平 いや、いや、いや、それはイヤだ（笑）。

歴史は繰り返され、悲劇は再来する

石平　残念ながら歴史は繰り返されて、悲劇は再来するんですね。中国とロシアが手を結ぶと、朝鮮戦争が繰り返される恐れは高まります。中国はこの先、経済的に落ちる方向に転じるでしょうが、それでも実力があって、しかも中国とロシアの軍事力はけっこう補完性があるんですよ。

さらに、この二つの巨大なヤクザ集団が襲ってくるとき、小さいヤクザがもう一つ入ってくる恐れが十分あります。冷戦終結以来の最大の危機を、日本は迎えているんです。

斎藤　アメリカがいくら強くても、本気で日本人が立ち上がらないと、本当に危ないです。全員がゼレンスキーになるくらいの気持ちにならないと、日本はもちませんよ。

石平　そう、朝鮮戦争のとき、核を持っていたのはソ連だけでしたね。

しかも朝鮮戦争時代と違うのは、悪党三兄弟が全部、核保有国であることです。

斎藤　持ったばかりでした。ソ連が原爆開発に成功したのは開戦の前年、１９４９年でした。

石平　中国は当然、持っていなかった。

斎藤　持とうとしていたけどね。中国が最初の原爆実験に成功したのは、１９６４年10月、東京オリンピックの最中でした。ところがいまや、北朝鮮も核を持っています。悪党三兄弟が全部、核武装しているわけですよ。それに非核の日本がどうやって立ち向かおうというんですか。

石平　核の議論すらもできない。

斎藤　無様です。

石平　核の議論をすると、相手を刺激するっていうんですが、刺激しなくても、向こうはきますよ。いまさら中国を刺激するって、中国の何を刺激するんですか。

斎藤　悪の三兄弟が襲ってきたら、「お前たち、この9条が見えないのか」と、憲法を振りかざすつもりなんですかね。

石平　水戸黄門の印籠よろしくね。

斎藤　「はい、見ました。9条があるんですね。いや、ありがとう。憲法を変えないでね」って、入ってきますよ。

石平　日本がそんな危機にあるのに、岸田文雄首相はやるべきことを何もやらない。

斎藤　ほんとに悲しいね、この状態は。私は、非核三原則をやはり、見直すべきだと思います。「持たず、つくらず、持ち込ませず」のうち、少なくとも「持ち込ませず」は取り払うべきです。「では、どうするんだ。核を持ち込ませるのか」ということは言う必要がないんですよ。それが曖昧戦略です。

「非核三原則の一部を改正します。『つくらず、持たず』は引き続き履行します。その代わり『持ち込ませず』はやめます。中身は言えません」と。この曖昧戦略にできるだけ早く移行すべきです。

石平 曖昧戦略そのものが、抑止力になりますからね。

「特別軍事作戦」を真似た「非戦争軍事行動」

石平 2022年10月の党大会で、習近平の党総書記続投が決まりました。そうなると彼はプーチンと同じような妄想、野望に駆り立てられて、おそらく非常に高い確率で、台湾に手を出すと思います。

しかも今度、台湾に手を出すときには、プーチンの失敗を教訓にして、いろいろな新しい戦略や戦術を生み出すでしょう。たとえば習近平は2022年6月に、人民解放軍のある要綱に署名しました。それは「非戦争軍事行動要綱」です。これから人民解放軍は、この要綱に基づいて、対外的にも対内的にも非戦争軍事行動を展開することになります。

国内で行なう軍事行動ならば、たとえば暴動の鎮圧などであって、これは戦争ではありません。しかし海外での非戦争軍事行動といえば、明らかに矛先は台湾です。台湾への侵攻は国内への対処であって戦争ではないということです。要するにウクライナ侵攻は戦争ではなくて、「特別軍事作戦」だというプーチンの真似です。

斎藤　「非戦争軍事行動」とは、うまい言葉を使ったものだ。

石平　台湾を虎視眈々と狙っている証拠です。それで台湾に対して非戦争軍事行動をとるとき、ロシアがいろいろな役割を担うことになると思います。たとえば陽動作戦です。もしロシア軍が北海道に侵攻するフリを見せれば、日本はもう台湾を支援するどころではありません。日米同盟もロシアの動きに対処しなければならない。それで、習近平は簡単に台湾を取ってしまう。

あるいは中ロ連合軍が台湾と尖閣に襲ってくるという可能性もないわけではない。ですから、先ほどのお話のように、ロシア海軍の艦船が尖閣周辺の接続水域に入ってきていることは、もう只事じゃないんですよ。これまでロシアは日中間の尖閣問題には絶対に首を突っ込まないできました。だから、もし首を突っ込んだとすれば、悪の枢軸が本格的に形成され、動き出したということです。

斎藤　もう尖閣とか、北方領土とか、そういうレベルではなくて、日本そのものに対して、中ロは完全に向かってきているということです。どっちが主導しているのか、ちょっとそれがわからないところはありますけどね。

石平　阿吽の呼吸があるんでしょうね。いずれにせよ、日本をめぐる状況は相当危険なレベルに達しているということです。

斎藤　一方、中ロ包囲網が形成されつつあるのも事実です。石平さんが言われたように、ロシアのウクライナ侵攻までは、日米はじめ西側諸国による中国包囲網が次々につくられてきました。ところがウクライナ侵略で、今度はロシア包囲網が形成されます。中国からロシアに包囲網がシフトしたというより、中ロを取り囲む形で全世界の包囲網が形成されつつあります。

２０２２年6月には岸田首相が日本の総理として初めてＮＡＴＯの首脳会合に出席しました。同会合には韓国、オーストラリア、ニュージーランドの首脳も参加しており、ロシアの侵略が、「ＮＡＴＯ＋インド太平洋同盟」の結束を促す結果となりました。

石平　ロシアと中国という二つの悪の帝国に対処するためには、われわれ自由世界が結束するしかありません。ヨーロッパ内のＮＡＴＯ拡大にとどまらず、世界版のＮＡＴＯも視野に入れるべきです。

斎藤　そうなると「北大西洋」ではなく「全海洋条約機構」になりますね。

石平　インド太平洋地域では、すでに「クアッド（ＱＵＡＤ）」と「オーカス（ＡＵＫＵＳ）」という枠組みが成立しています。クアッドは安倍晋三元首相の功績です。

斎藤　大功績です。あれはつくっておいて本当によかったですね。

石平　はい、安倍さんは歴史をつくったんですよ。将来、日米同盟を基軸にクアッドがさらに拡大してアジア版のＮＡＴＯとなり、それがヨーロッパのＮＡＴＯと連携する、そんな世界体制ができあがる可能性があります。

斎藤　日米同盟とＮＡＴＯと真ん中のインドが連携したのは、プーチンにとっては大誤算ですよ。フィンランドとスウェーデンのＮＡＴＯ加盟も大誤算だけれども、世界が結束してしまったのはさらに大きい。その結束が強力かどうかは、これからの問題です。

石平　先ほど、クアッドができたのは安倍さんの功績と言いましたが、じつは安倍さんの功績は半分で、もう半分は習近平の功績です。

斎藤　ああ、確かに（笑）。

石平　習近平があちこちで覇権主義をやるものだから、オーストラリアもインドもみんな連携せざるをえなくなったのです。

　このように西側諸国にとって危険で厄介なプーチンと習近平は、この先どこまで突き進むのでしょうか。彼らを待っている運命とはどのようなものでしょうか。第５章で見ていきたいと思います。

第5章 プーチンと習近平の末路

斎藤 勉／石 平

すでにプーチンは負けている

石平　第4章では、中国とロシアが結託して、日本を襲う危険性について見てきました。実際、中ロの艦艇が日本の尖閣周辺の接続水域に入ってくるという事態も起こっています。まさに悪の枢軸が日本を軍事的に挑発・恫喝しているわけで、私の理解としては戦後最大の国防上の危機を日本が迎えていると思っています。

それに日本はどう対処するかというのは一つの問題であって、もちろんそれも重要なのですが、別の視点から見れば、ロシアにおけるプーチンの独裁体制と、中国における習近平の独裁がこれからも継続するのかという問題があります。悪の枢軸というのは、この2人の独裁者の地位が今後も安泰であるという前提の上に成り立つからです。

われわれにとって最も〝期待したい〟今後のシナリオは、プーチンも、習近平も失脚するというものではないかと思います。そこでまず斎藤さんにお聞きしたいのは、プーチンが失脚する可能性があるかどうかです。この点は、どう見ておられますか。

斎藤　私の個人的な意見ですが、プーチンは負けてるんですよ。まったく勝っていません。今回プーチンが行なっているのは、一片の大義もない一方的な侵略です。妄念に憑かれて、必要のない侵略を始めた時点で、すでに道徳的には負けています。ネオナチがロシア人をいじめている、同胞を保護しなければいけないといって侵攻したんだけど、自分がナチになってしまった。自分がヒトラーになってしまった。

石平　まったくそのとおりです。

斎藤　彼が尊敬されるべき独裁者であることはもうありません。良識ある、良心のあるロシア人から見ると、もう破滅した独裁者、何の尊厳もない独裁者に成り下がってしまった。「お前何やってるんだ」と、テレビでプーチンを見るたびに、私は彼の頭を小突きたくなるんです。

ウクライナを破壊しているだけじゃなくて、彼は祖国ロシアを破壊しているんですよ。これは自己破壊なんです。ロシアの文化を破壊し、ロシアの伝統を破壊しています。ロシア語を話す人たちを傷つけることで、ロシア語を破壊しています。ロシアの一切合切をいま破壊している最中なんですよ。目に見える破壊はウクライナで行なっていますが、目に見えない破壊を、プーチンはロシアで日々日々やっているのです。彼は皇帝になろうとしたけれど、もう皇帝にはなりえません。明るい未来があるかと言えば、ゼロです。そういう可能性はもうありません。

プーチンが今後存立することを、国際社会はもちろん、国内的にも良心あるロシア人はもう認めないでしょう。そういう意味では彼はもう死んだも同然です。ウクライナを焼け野原にすればするほど、彼は世界史的に「悪の帝王」というレッテルを貼られて、永遠に悪名を残す。ロシアの恥ですよ、これは。

石平　まさにおっしゃるとおりで、プーチンが始めたこの戦争によって、ロシアという国、あるいはロシア人という民族の国際的イメージは、もうどん底まで落ちてしまったと、私も強く感じています。

もちろんロシア人にもいろいろな人がいて、善良な人も大勢いるだろうとは思うのですが、ロシア人全体がもう〝野蛮、残酷〟というイメージになってしまいました。さらに、ロシアにとってもっと大きな問題は、第4章の話にもつながるのですが、このままではロシアが経済的に中国の属国に成り下がるしかない、ということです。

プーチンの蛮行によって、ロシアが西側とほぼ完全に断絶してしまい、もう対立が解消できず、ロシアへの制裁が続くなら、経済的には中国にすがるしかありません。もし中国の属国になる運命からロシアを救おうとするなら、プーチンをロシアから切り離すしかありません。しかし、ロシア国内で果たしてそんなことができるのか。そこが私には全然わかりません。

ロシア人が「プーチン問題」を解決する日

斎藤　そういう日が必ず来るでしょうね。ソ連という国があっけなく崩壊したのと同じように、私はプーチン体制も崩壊するときはあっけないと思いますよ。いずれ宮廷クーデターのようなことが起こるはずです。

いまFSB（ロシア連邦保安庁）などの情報機関は、良識ある国民から責められて、分裂しています。軍も分裂しています。その分裂の片方はプーチン派ですが、反対派が必ず頭角を現してくると思います。それに良識ある国民が必ずついていって、プーチン体制を打倒するだろうと私は思っています。

ゴルバチョフ時代のソ連は、あっという間に崩壊してしまいましたが、その張本人はゴルバチョフではなく、1991年8月のクーデターに失敗した特権階級のゴリゴリの共産主義者たちでした。彼らはこのままゴルバチョフの改革が進むと、自分たちの数々の特権が失われると危惧して、クーデターを企てたのです。

第3章でも述べましたが、あのクーデターの首謀者8人を1人に凝縮して蘇ったのがプーチンです。言い換えれば、ゴルバチョフに対してクーデターを起こした守旧派の中でも最も過激な思想の持ち主がプーチンとして蘇ったのです。それが生き延びられるはずがありません。無理矢理、ごり押しでつくった体制です。狂暴、凶悪、独裁政権ですよ。これがいつまでも生きられるはずがありません。プーチンもいずれ死ぬんですよ。

石平　まあそうですね、実際もう70歳ですから。

斎藤　ただ自分では、「24年の選挙に当選して……」と、まだ思っているんでしょうね。7月初めには、ルハンスクを含む4州の併合を強行し、消耗戦がまだまだ続いています。その後、ルハンスク州を完全制圧したと、得意満面でテレビに映っていました。

石平　ロシアの経済は果たしてそんな持久戦に耐えられるのでしょうか。

斎藤　ロシア人だってそんな馬鹿じゃないですよ。前述したように、ロシアから頭脳流出が続いています。最近の報道では、すでに30万人の優秀な人材がロシアから出て行ったといいます。よくわかっているロシア人はもう逃げてるんですよ。国内には〝引いてる〟人も数多くいるはずです。そういう勢力が結集する日が必ず来ると思います。

1991年8月の守旧派によるクーデターが失敗に終わった夜、KGB本部前の広場に集まった民衆が、ソ連秘密警察の創設者フェリックス・ジェルジンスキーの銅像を引き倒しました。現場にいた私は、そのとき事実上のソ連崩壊を実感しました。

そういう時代が必ず来ます。象徴的なものが倒されて、ロシアの民衆がもう一回蜂起し、かつてのKGB広場、いまのルビャンカ広場がまた騒然とする日が、必ず来ると私は信じています。

石平 ロシア人が何か行動を起こさないと、ロシアそのものがプーチンの道連れになって破滅します。だからロシアの人々にとっても、いまプーチンをどうするかというのは、他人事ではないはずです。自身が生きるか死ぬかの大問題です。そういうところまで来てるんだろうと思っています。

斎藤 そのとおり。

石平 このまま行けばロシアはもう世界の孤児になって、中国の属国になってしまいます。果たしてあの誇りの高いロシア人が、習近平の子分になることに堪えられるのでしょうか。

斎藤 ロシア人は中国人が大っ嫌いですからね。ロシア人がたとえば「斎藤勉っていう記者はずるい」と言うとき、「中国人の何十倍ずるい」という言い方をするんですよ。頭から中国人を信用してないんです。

モスクワの中に「中国人街」というのがあって、そこで中国人が商売をやってるんだけど、彼らは毛嫌いされています。一緒に商売しようとか、まして中国人の下で働こうなんて、ロシア人は毛頭思っていません。どっちの民族が優秀だとか、そういう問題じゃないんです。単に好き嫌いの問題。とにかく中国人が大っ嫌いなんです。

石平 しかし、プーチンが消えないかぎり、もう中国の属国になるしかありません。私もやっぱり心のどこかで、根拠はないけど信じたいですね。ロシア人がいずれ「プーチン問題」を解決すると。

戦争に負けた指導者は尊敬されない

石平 もう一つの問題として、いわゆるロシア的体質というものがあると思います。ロシアは歴史的にビザンティン的な要素を受け入れ、タタールに支配された時代には、アジア的専制主義を受け入れてきました。そうしたことの結果か、ロシア人は常に強い指導者を、たとえそれが独裁者であろうと、求めているように私には思えます。話によると、いまでもロシアにはスターリンが好きな人がけっこういるそうですね。

斎藤 2017年だったと思いますが、「ロシアの歴史で一番尊敬するのは誰ですか」という調査、いわゆる人気投票が行なわれたことがあります。結果は、1番が断トツでスターリン、2番が「2人のプーさん」こと、プーチンと帝政ロシアの国民的詩人・作家のプーシキンでした。ロシア人は、愚かな指導者を生むけれど、詩を愛してもいるんですね。

プーシキン広場というのがモスクワにありまして、民主化運動が起きるときはそこが中心になるんです。私も好きでよく行っていました。ゴルバチョフ時代にペレストロイカやグラスノスチの集会が開かれるのは、たいていそのプーシキン広場でした。プーシキンの銅像が立っていまして、マントを羽織った優雅ないい男ですよ。ソ連崩壊前にはその銅像の下に人々が集まって、毎日のように民主化を求める集会が開かれていました。

余談を言えば、プーシキン広場のすぐ脇にマクドナルドができました。１９９０年１月31日、マクドナルドが初めてロシアにお目見えした日というので、私、脚立を抱えて取材に行き、写真を撮って原稿を送りました。小さいながらも、その記事は一面を飾りました。そこにマクドナルドができるということは、それだけプーシキン広場もプーシキンも、ロシア人にとても人気があるということです。

一方、ウクライナのゼレンスキー政権は、今回の国家防衛戦をロシア隷属の呪縛から完全脱却するための「最後の独立戦争」と位置づけており、プーシキンの排斥を決めるなど、文化・芸術面でも「精神的な非ロシア化」に踏み込んでいます。

スターリンが１９３０年代初め、食糧の強制徴発によってウクライナで引き起こした人工的大飢饉「ホロドモール」は、ウクライナで民族虐殺の国家犯罪と考えられています。そのスターリンと現代の侵略者プーチン、さらにプーシキンと、ロシア国民に人気のトップ3がそろってウクライナで全面否定されたわけです。

そしてロシアでは、人気投票の上位3人がスターリン、プーチン、プーシキンだったのに対し、ゴルバチョフは最下位でした。20位まで並べたら20位だったという話で、もうないに等しいランクです。なぜかというと、やはり強くないんですよ、ゴルビーは。

斎藤勉氏

ゴルバチョフが出てきたのは1985年3月11日でした。その日、党書記長に就任しました。それまで3代続いてトップの老人が死んでいました。ブレジネフ、アンドロポフ、チェルネンコの3人です。

ユーリ・アンドロポフというのは、第1章でも触れたようにKGBの議長を15年務めた、プーチンがスターリンと並んで尊敬をする人物です。

ただ残念ながら18年続いたレオニード・ブレジネフの時代が終わり、1982年11月にようやく書記長に就任したアンドロポフは、在任1年3カ月で病没します。次のコンスタンティン・チェルネンコも高齢で、最初から「すぐに死ぬんだろう」と言われていました。実際、権力がやっとこの老人に回って来たときにはもうヨタヨタで、１年後にあっけなく死んでしまいました。

これではダメだ、若く清新な指導者を立てようじゃないか、ということでソ連共産党の若きエリートであるゴルバチョフが85年3月に54歳でさっそうと現れたわけです。

外国人には、民主化を進める指導者が現れたと、ゴルバチョフは大喝采されましたけど、結果はどうなったかというと、冷戦に負けてしまいました。そして帝国を崩壊させてしまった。10年前にブレジネフが始めたアフガン戦争にも、事実上負けてしまった。アフガンのイスラム民族に負けた。

戦争に負けたら、ロシアの指導者としてはもう尊敬されないんです。それでゴルバチョフはロシア人に全然人気がない。

一方、スターリンというのは、２７００万の軍民の犠牲者を出しながらドイツに勝利し、ソ連をアメリカと対峙する大国にしました。スターリンはまた、東ヨーロッパに衛星国をつくって影響圏とし、事実上領土を広げました。要するに、ゴルバチョフとはまったく逆です。

プーチンも２０１４年、クリミアを取って大喝采を浴びて、皇帝気取りになっていました。今度はもっと大きなウクライナ全体を奪って領土とし、スターリンと同じような皇帝になりたかったのです。スターリンは「地上の赤い神」と言われました。プーチンも、赤くはないけども、スターリンと同じようになりたかったんですよ。新しい形の皇帝に。ところがもうなれません。独裁者としてはもう見放されています。

西側との和解を求めれば国民から見放される

石平　われわれにとって一番重要なのは、プーチンがどういう形であれ失脚したあと、ロシアが大きな方向転換を図れるかどうかです。この侵略戦争を終結させ、ちゃんと戦争責任を認めて賠償もして、欧米と和解する。そうして中国の属国になる運命から免れて、より健全なロシア、要するにわれわれにとって脅威のロシアではなくて、西側の一員としてのロシアになる。この新しい道を歩むことができるかどうか、そこがおそらく一番の問題だろうと思います。

斎藤　ずばり、問題はそこなんですよ。私はロシアが、アメリカや日本、フランス、イギリスのような民主国家になることはないと思います。

石平　ないですよね。

斎藤 ありません。誰が大統領になろうと、ロシアでは強権的な政権にならざるをえないから、民主国家になれないという意味ではありません。アメリカのトランプ大統領だってある面では強権的な独裁者だったわけで、やりたい放題やりました。しかし、内外で人を殺しまくったわけではありません。一応、民主国家の帝王ですから。

ソ連は数々の国家犯罪を行ないながら、いまだかつて裁かれたことはありません。共産党独裁政権がやった戦争をはじめ、各国での弾圧や謀略について、たとえばナチス・ドイツと共謀してポーランドに侵攻して第二次世界大戦を引き起こしたことも、戦後、ハンガリー動乱やプラハの春を弾圧したことも、アフガニスタンに侵攻したことも、裁かれたことはありません。

日本の軍国主義もドイツのナチズムも、東京裁判とニュルンベルク裁判で裁かれましたが、それは戦争に負けた故です。一方、ソ連はとんでもない独裁国家であり、数々の国家犯罪を行なっていましたが、「勝利した」という一点がすべての免罪符となって、ソ連は何ら裁かれることも、罰せられることもありませんでした。それがプーチンを生んだんですよ。

アメリカは第二次世界大戦で同盟国だったソ連を咎めませんでした。罰せられないということが、ソ連をつけ上がらせてきた。その末に、ソ連が崩壊して10年後に、プーチンというものを生んでしまった。

そのプーチンもこの22年間に悪逆の限りを尽くしています。外に対しては、チェチェン紛争、ジョージア侵攻、クリミア併合、ドンバス戦争、ウクライナ戦争と、戦争のしっぱなしです。プーチンの歴史は「戦争の歴史」です。この一連の戦争を誰も咎めていないし、裁いてもいません。

国内では、政敵や自分に批判的なジャーナリストなどが次々に暗殺されています。先に述べたように、プーチンへの誕生日プレゼントとして、女性ジャーナリストが殺されたことすらあります。国内ばかりか、海外でも暗殺は行なわれています。しかし、西側諸国は誰もプーチンを罰しようとはしませんでした。素晴らしい指導者と称賛する者すらいました。

このように、どんな悪逆非道を行なおうと誰からも裁かれず、罰せられないことがソ連、ひいてはプーチンをつけ上がらせてきたのです。中国がのさばってきたのは、アメリカや日本が中国を甘やかしたからです。同様にソ連がプーチンを生んだのも、西側が許してきたからですよ。

もしプーチンが失脚しても、独裁者と言える立場になるかどうかは別にして、かなり強権的な指導者が出てくるでしょう。ロシアへの「入国禁止58号」の袴田茂樹先生によれば、ロシアはぎゅっと周りから枠をはめないと、生きていけない砂の国だといいます。そういう社会なので、必ず強い人が出てくるでしょう。

問題は新しい大統領がどこまで謝罪するかですよ。「プーチンがやったことは悪うございました。国として、新しい大統領として謝ります」と。

石平　それを言った瞬間に、ロシア国民から見放されてしまう。

斎藤　そう、謝罪すれば、あいつは弱いと思われてすぐ失脚してしまうかもしれません。そこが難しいんですよ。スターリンは国の内外で何千万もの人を殺しておいて、謝罪は一切していません。

ゴルバチョフは例外です。謝罪ではありませんが、彼のグラスノスチ、「情報公開」とは何かというと、あれは「非スターリン化」なんですよ。独裁者を真っ向から否定したのはゴルバチョフだけです。だから人気がない。どれだけ人を殺そうと、戦争に勝った強い指導者はスターリンもプーチンも大人気です。

石平　おそらくそれこそが、ロシアが抱える一番大きなジレンマではないでしょうか。要するにロシアの戦争責任、特にウクライナに対して行なった戦争犯罪を清算しないかぎり、西側との和解の道はない。西側との和解がなければ、結局、中国の属国になるしかない。しかし、プーチン政権が潰れたとしても、新しい指導者が西側との和解の道を模索した時点で、もう国民からの支持を失っていく。難しいですよ。

ゴルバチョフかスターリンか——永遠のジレンマ

斎藤　そのゴルバチョフは自分からソ連を潰すつもりはまったくなかったんだけど、結果として潰してしまいました。エリツィンとの権力闘争が最後にあって、エリツィンが潰したという言い方もできますが、結局、ゴルバチョフがソ連に民主化という風穴を開けてしまったことが原因です。その穴が大きくなりすぎて、土手まで崩れてしまう結果になった。

ではゴルバチョフがスターリンの擁護をしたかというと、ゴルバチョフはモスクワ大学のエリートで、共産党のエリートでもあるんだけれども、若者のリーダーでもあって、昔からフルシチョフのスターリン批判をよく知っていましたから、スターリンのようになりたくない、俺が指導者になったときには、民主化するんだということを固く思っていた。ただ、ソ連を潰そうなんてことは、思ってもいませんでした。

共産党独裁体制の足腰を強くするために、西側の息吹をちょっと入れて風通しをよくしようとしたのが、ペレストロイカやグラスノスチでした。ところが民衆は止まらなくなってしまいました。「こんないい体制があったのか」「こんないい空気があったのか」と。長いソ連の歴史で初めて、言論の自由というのも生まれました。

ただ残念ながら国は潰れ、ゴルバチョフ本人も失脚するという、まことに憐れな結果になってしまいました。その挙句に、プーチンという独裁者が生まれたわけです。

プーチンは今回の戦争そのものに軍事的には、あるいは勝つかもしれません。しかし、ウクライナをいくら焼け野原にしても、それはプーチンの心象風景が現実の景色に出てしまっただけで、誰も勝利とは思いません。世界もそんなものを勝利とは思わない。ウクライナが焼け野原になればなるほど、ロシアは負けるんですよ。「これほど道徳的に退廃した国はない」と。

もしプーチンが戦争から降りて失脚したら、まさにどちらをとるかですよ。ゴルバチョフをとるか、スターリンをとるか――国民はまた選択を迫られることになります。ただ、ゴルバチョフは取らないでしょう。冷戦に負け、アフガンに負け、これほど人気のない指導者もいませんからね。

石平　たとえプーチン政権が潰れたとしても、ロシアがわれわれの期待するような穏やかな国になるとは限らないということですね。

斎藤　そうなってほしいけれど、そういうイメージがわかないんですよね。かつて、愚かにもそういう期待を抱いたことがあります。ソ連が崩壊したときのことです。1991年12月25日の夜、クレムリンのドーム屋根のポールから槌と鎌の赤いソ連国旗が降ろされ、代わって白・青・赤3色のロシア国旗がスルスルスルッと上がっていきました。誰が計ったか、その間わずか35秒。私は妻と5歳の子供と、応援に来ていた2人の同僚とともに、このソ連から新生ロシアへの移行セレモニーを見上げていました。

そのとき私は「ああ、ロシアは民主化するかもしれない」「これで北方領土が返ってくるかもしれないな」と思ったんです。この浅はかさ、この甘さ（笑）。「お前はロシアを何年取材してたんだ」と、私は自分を責めました。

そういう考えを持ったこと自体が、まだロシアを理解していない証でした。産経新聞がきちっと報道してきたのに、それをモスクワの支局長がなんとバカなことを考えたんだろうと反省したものです。

現実はといえば、私の甘く浅はかな期待はあっけなく打ち砕かれて、ソ連と同じようなプーチン体制ができて、あろうことかこういう戦争まで起こしてしまったわけです。

石平　新しい指導者が誕生すれば、おそらくまた独裁政権になるにしても、プーチンとは少しばかり違って、もうちょっとソフトな政権になるとか、日本にまで矛先を向けるようなことはしないとか、あるいは習近平と組んで悪さをするのを控えるとか、この程度のことは期待してもいいのではないでしょうか。

斎藤　いや、ロシアが習近平の属国みたいになったときには、それは期待できないですよ。だって、経済的に中国にすがらなければロシアは生きていけないわけで、経済的に隷属するということは、軍事的にも言いなりになるしかないということです。尖閣にロシア船が現れたからには、北方領土に中国船が現れるかもしれません。さらに北朝鮮がミサイルをバカスカ、バカスカ撃つ時代になるかもしれないじゃないですか。

石平　そうしたら結局、何の問題解決にもなりません。プーチンが失脚したとして、ロシアが中国の属国にならないためには、まず欧米と和解して経済制裁を解除してもらうしかない。しかし経済制裁を解除してもらう前提としては、ウクライナ戦争の責任を自ら認めて、賠償と謝罪をしなければならない。しかしこんなことやったら、この政権自体が潰れてしまう……。

斎藤　ロシアの永遠のジレンマですよね。ロシア国民にとって強権政治は別に拒否すべきものではありません。ただゴルバチョフみたいにはなってほしくない。世界的には、ゴルバチョフはいまでも高い評価を受けています。私だって半分ぐらいはゴルビーを尊敬しています。しかし、ロシアの国民はまったくと言っていいほど尊敬していない。

ゴルバチョフ型の指導者は国民の支持を得られず、権力を維持できません。一方、スターリンは戦争に勝って大きな歴史を残したから、国民の支持は抜群に高い。しかしスターリン型の指導者は、西側と和解することができない。そこが、ロシアの永遠の悩みです。

ゴルバチョフの死と制限主権論の復活

斎藤　そのゴルバチョフが2022年8月30日に91歳で死去しました。ゴルバチョフはクリミア併合を支持してウクライナ政府から「入国禁止」になったこともありましたが、今回の全面侵攻直後には病床から「ロシアの敵対行為の早期停止と和平交渉の即時開始」を訴える声明を発表しました。

ゴルバチョフはウクライナに近いロシア南部のスタブロポリの出身で、母親も23年前に他界したライサ夫人もウクライナ人です。ゴルバチョフはソ連最後の日となった1991年12月25日夜の国民向けテレビ演説で「私は不安をもって去る」とクレムリンを後にしましたが、プーチンの戦争の行方には「大いなる不安」を抱きつつ冥界に旅立ったのではないでしょうか。

先ほども言ったように、ゴルバチョフはソ連を潰そうなどとは思っていませんでした。ただペレストロイカやグラスノスチによって国内の風通しをよくして、共産党独裁体制の足腰を強くしようとしたのです。

彼はまた、新思考外交によって冷戦を終わらせました。その目玉が、「制限主権論」の否定でした。制限主権論とは、東ヨーロッパの衛星国をソ連に繋ぎ止めておくためにブレジネフが作った、「社会主義圏全体の利益は、その中のどの一国の利益よりも優先する」という強引な屁理屈です。「ブレジネフ・ドクトリン」ともいわれ、1968年夏、チェコスロバキアの民主化運動「プラハの春」を武力弾圧する口実に使われました。

ゴルバチョフはその制限主権論を否定して、東ヨーロッパをソ連の軛から解放しました。彼はアフガニスタンからソ連軍を撤退させるとともに、スターリンが衛星国とした東欧諸国を手放し、軍事費負担を軽減することでソ連邦だけは死守しようとしたのです。

しかし、ゴルバチョフは結果的にソ連を崩壊させてしまいました。そのためロシア国民にはいまも不人気ですが、私はゴルバチョフが導入した言論の自由・報道の自由、集会の自由などの価値観や新思考外交を評価していいと思います。ロシアの歴史の中でそのような自由な時代はかつてありませんでした。「金の時代」だったと私は思っています。

でも、ロシアがそのような時代を長く維持するのは無理でした。国民の人気が高いプーチンは、ゴルバチョフの改革の遺産を全部吹っ飛ばしてしまったのです。言論・報道・集会の自由を封じ込め、ソ連帝国を復活させるために、ウクライナはじめ西側を向いた旧ソ連構成国に対して、「プーチン・ドクトリン」とでもいうべき制限主権論を復活させているのです。

ロシアではいま、時代が音を立てて逆流しているのです。

石平　中国でもまったく同じような逆流が起こっています。毛沢東はスターリンの独裁政治を真似つつ、中国的な皇帝政治の要素を色濃く持つ独裁体制をつくり上げました。しかも権力闘争に明け暮れて中国全土は大変深刻な状態に陥っていました。そこで毛沢東没後、最高指導者となった鄧小平は、中国共産党の足腰を強くするための改革に乗り出します。その意味では、ゴルバチョフの改革と目指すところは同じでしたが、改革の中身も結果もまったく異なっていました。

中ロで加速する「時代の逆流」

石平　1989年6月、民主化を求めるデモ隊を武力弾圧する天安門事件が起こりますが、そもそも民主化運動に火をつけたのがゴルバチョフでした。

斎藤　事件の直前にゴルバチョフが北京に行っていますしね。

石平　自由という西欧的価値観を導入することで共産党の独裁体制ひいてはソ連そのもの

を崩壊させることになるゴルバチョフの改革を鄧小平は否定します。

第2章でも述べましたが、鄧小平が打ち出したのが社会主義市場経済という理論です。経済を立て直し、成長させるために市場経済を導入するが、共産党の一党独裁体制は絶対に維持するというのです。さらに鄧小平は毛沢東流の皇帝政治・個人独裁が二度と起こらないように、集団指導体制と最高指導者の定年制を導入しました。

この鄧小平の改革は、成功したかに見えました。ソ連が崩壊して混迷を極めるなか、中国は高度経済成長を遂げ、共産党の一党独裁もある程度安定していました。ところが習近平時代になると、逆流が始まります。習近平は個人独裁体制をつくり上げていったのです。

石平氏

さらに2022年10月の第20回中国共産党大会で続投を果たした習近平は、経済優先の鄧小平路線を否定しました。習近平からすれば、鄧小平の改革開放路線とは外国資本を導入して貧富の格差を拡大させ、腐敗を蔓延させるものでした。

だから習近平は自分の時代を新時代と称し、改革開放路線を終わらせようとしているのです。

党大会の前までは、鄧小平路線に忠実な李克強たち共青団派（中国共産主義青年団出身者の派閥）がある程度、鄧小平否定への防波堤になっており、習近平に対する抵抗勢力もまだ存在していました。しかし党大会後には、抵抗勢力は完全に排除されてしまいました。

経済優先の鄧小平路線に代わって習近平が打ち出したのが、イデオロギー最優先路線でした。その象徴ともいえるのが、22年10月27日、習近平が政治局常務委員全員を率いて、政権３期目として初めて行なった地方視察です。視察先は陝西省延安市。中国共産党が１９３７年から47年まで本拠地とした「革命の聖地」です。この地で毛沢東は党内の主導権を確立しました。

そこで習近平は最高指導部メンバーに向かって革命精神の代名詞となった「延安精神」を大いに語り、その精神の継承と高揚を国民に呼びかけました。もう鄧小平はどうでもいい、毛沢東の革命精神に戻るということです。

これから鄧小平のすべてが否定されていくでしょう。対内的にはますます独裁的になり、対外的にはますます侵略的になるでしょう。中国にも第二のプーチンがめでたく誕生したということです。

斎藤 ロシアではプーチンがゴルバチョフを否定してスターリンの時代へ、中国では習近平が鄧小平を否定して毛沢東の時代へ、それぞれ戻ろうとしているわけですね。

中ロの高官が恐れる海外の個人資産凍結

斎藤 先述のようにスターリンは、いまもロシア人のあいだで断トツ1位の人気を誇っていますが、現在の中国人にとって毛沢東というのは、どのような存在なのですか。

石平 スターリンがソ連の国民にあれほどの被害を与えたにもかかわらず、いまでも尊敬されているというのは、毛沢東についてもいえることです。毛沢東が独裁者として君臨した27年間、もう数えきれないほどの政治的犯罪を行なっています。「大躍進」の失敗だけでも、何千万人が餓死していますし、文化大革命でも何千万人が命を失っています。もう阿鼻叫喚の暗黒時代です。それでもいま中国では、多くの国民が心の中で毛沢東を尊敬しています。

鄧小平の時代になっても、タクシーの運転手さんは運転席に毛沢東のバッヂなどをぶら下げていました。いまでも依然として毛沢東が尊敬されています。それはただ強いからというロシアのように単純な理由からではありません。毛沢東は中国人が望む中国的皇帝様にふさわしい圧倒的なカリスマ性がありました。しかも詩が上手で、書も上手く、文化人としての資質がありました。中国人は文化的な素養のない、野蛮な指導者が好きじゃないんです。そのうえ毛沢東には、それなりの自分の理論がありました。要は「天子様」にふさわしいところが毛沢東にはあったということです。

それはさておき、ロシアにとってのプーチン問題は、すなわち中国にとっての習近平問題です。いま彼は個人独裁になっていて、外交は強硬路線で覇権主義。常に台湾を虎視眈々と狙っています。ただ中国人がロシア人と違うのは、ロシア人よりは徹底的に実利を重視するところです。要するに中国人は、毛沢東も好きだし崇拝もする、強い指導者を求める、しかし最後のところで、中国人の気質としては、実利が大事です。誰の実利かというと、一族郎党の実利です。

斎藤 プーチンと同じじゃないですか。

石平 ああ、そうか（笑）。ただ中国では、最後はあくまでも自分たちの実利を求めるわけですから、もし指導者のやっている政治が自分たちの実利に反するようになれば、民心は離れていきます。毛沢東の晩年期にも、だんだん民心は離れていきました。いまも同じような現象が起きていて、「習近平の馬鹿者のやってることは全部裏目に出て、われわれは損ばかりしている」ということで、中国共産党の中でも、ある程度の習近平離れが始まっています。あるいは習近平がどうしてもやりたい台湾併合戦争には付き合いたくないという人もけっこう多い。

斎藤　確かにいるでしょうね、そういう人は。

石平　多くの中国人からすれば、「台湾が併合されたからといって、自分たちに何の利益があるのか」というのが率直な思いです。

斎藤　息子がまた戦争に駆り出されるかもしれないですしね。そんなの嫌ですよね。

石平　さらに、ロシアがウクライナに侵攻した結果、西側がロシアという国だけではなくて、ロシア高官個人にも経済制裁を発動したでしょう。プーチンの愛人にまで。

斎藤　そうそう、新体操のカバエワね。

石平　彼らの海外にある個人資産まで凍結しました。じつは中国共産党の幹部たちが一番恐れてるのはこれですよ。

斎藤　そうですよね。いま高官の子供たちがアメリカにいっぱい留学しているじゃないですか。そういうところに財産を預けているわけです。つまり人も資産ももうアメリカに逃がしているんです。

石平　ええ、だから彼らが一番恐れているのは、海外資産が凍結されることです。彼らにとって財産がすべてですからね。そこは、中国人がロシアと多少違うところです。

斎藤　いや、それほど違ってないですよ。けっこう似てると思います。ロシア人だって、自分の子供たちを西側に出していますし、資産をほとんど西側に分散してるわけですよ。だから保養地として有名なフランスのニースに行くと、ロシアの金持ちの別荘がずらっと並んでいて、彼らのヨットもずらっと停泊しているといいます。

石平　そうしたら、西側の世界が中ロの悪の枢軸を弱体化させる一番の良策がそれじゃないですか。もちろん日本に関しては憲法の改正や国防体制の強化など、いろいろやるべきことはあります。当然それはやるべきですが、海外の個人資産の凍結というのは、中ロの暴走を食い止める有力な手段といえそうですね。

斎藤　プーチンがいま一番怖がっているのは、膨大な利権と特権が失われることです。だからウクライナを潰そうとしたわけです。ウクライナを通じて民主主義、自由主義が入ってくるのが一番怖いからです。それでウクライナを取れば、もう自分は安心して皇帝になれると思っていました。ところが逆に西側の結束とウクライナの決意を一段と強めてしまいました。まったく逆効果になってしまった。プーチンはもちろん、そのことがわかっているはずです。「やべぇこと、やっちゃったな」とは思ってますよ。

だから5月9日の対独戦勝記念日の演説でも、強いことはひと言もいえなかったじゃないですか。7月初めにはルハンスク州を取ったと得意気にしゃべっていましたが、4カ月かかって二つの州の片方をやっと取っただけですから、一つも嬉しくないと思いますよ、内心では。

石平 むしろ失うもののほうが大きいと思いますよ。

斎藤 22年9月下旬、プーチンはウクライナの激しい反転攻勢に直面して兵力不足を補うため、「30万人」を目指すとした部分的な予備役招集に踏み切りました。

しかし、これが発表されるや、招集対象になると察した若者数十万人が西側や旧ソ連のカザフスタン、ジョージアなどへと国外脱出を始め、国内では行き当たりばったりの人狩りも始まり、大混乱に陥りました。新たにプーチンの卑劣な実態も明らかになりました。

モンゴルに隣接した仏教徒のブリヤート共和国や、カフカスのイスラム教国・ダゲスタン共和国などの若者が集中的に強制招集されて親族からあからさまな憤懣と反発が出ているのです。これは少数民族の民族浄化にもつながりかねない危険なやり方です。

10月半ばの段階でロシア兵の死傷者が米国防総省の観測に近い9万人にものぼるという内部情報が明るみに出ました。

習近平続投で高まる台湾侵攻の危機

石平　中ロの悪の枢軸をなんとか食い止めなければ、いずれ日本は危機的状況になりかねません。その場合、二つの危機が考えられます。一つは、ロシアと中国が結託して尖閣、あるは北海道に手を出すというもの。これは、まったくあり得ない話ではなくなっています。もう一つは、やはり台湾有事です。

斎藤さんもよくご存じのように、台湾は日本の安全保障に直結する最重要地域であり、中国による台湾併合は、日本にとっての悪夢以外の何物でもありません。もし台湾が中国に併合されれば、日本への軍事的脅威が格段に高まるのはもちろん、シーレーンの要衝を押さえられることで、海上貿易に依存する日本の経済活動も脅かされることになるからです。

もっとも台湾併合というのは、なにも習近平政権が言い始めたことではなく、中国共産党政権は、毛沢東時代からずっと「台湾解放」というスローガンを掲げていました。私も子供時代に、「必ず台湾を解放する」と、耳にたこができるほど毎日聞かされていました。ただし毛沢東時代には、台湾に上陸して併合するだけの軍事力、とくに海軍力と空軍力がなかったから、毛沢東の台湾解放はスローガン倒れになっていました。

鄧小平の時代になると、例の韜光養晦戦略で、西側から技術と資金を導入するため、できるだけ西側と対立しないことが優先されました。そのために鄧小平は、台湾の平和的統一という方針を示しました。要するに香港同様、鄧小平お得意の「一国二制度」で平和的に台湾統一を目指すというわけです。

しかし習近平が香港の一国二制度を完全に破壊したことで、一国二制度による台湾の平和的統一がまったく不可能になってしまいました。

そうなると、残る選択肢は台湾への軍事侵攻ということになります。習近平政権はこの数年間、その準備を着々と進めています。空母の増強もその一環です。現在、中国海軍では2隻の空母が就役中ですが、最近、3隻目の空母「福建」が進水しました。台湾の対岸に位置する福建省にちなんだ艦名で、名付け親は習近平だといわれています。さらに中国版の海兵隊も拡大させて、その司令部を習近平は何度も視察しています。

ロシアのウクライナ戦争との関連で言えば、習近平があれほどプーチンの戦争に加担した理由の一つが、中国が台湾に侵攻するときにプーチンの支援が期待できるという計算があったと思います。

2022年10月の中国共産党大会で習近平総書記の続投が決まり、習近平政権はいま3

期目に入っています。この3期目においてこそ、習近平が台湾侵攻に踏み切る可能性はかなり高まると思います。経済の失速や格差の拡大、少数民族問題など、国内のさまざまな問題が深刻になったとき、「祖国統一」という旗印を掲げて、台湾侵攻を実行に移す恐れがあります。結局、あらゆる国内の矛盾から国民の目をそらせるには、それが最も効果的ですからね。国民の目を外に向けるのが最善です。

斎藤　ロシアがやっているのが、まさにそれです。外に敵をつくって、国民の関心を外に向けるというのは、プーチンがずっとやってきたことですからね。ウクライナ戦争にも、そういう要素が多分にあります。

共産党の新指導部は対台湾「戦時体制」

石平　2022年10月の党大会後、中国の台湾進攻が現実味を帯びてきています。なぜなら、10月23日に選出された政治局委員と政治局常務委員の顔ぶれを見ると、党の指導部である政治局は台湾との戦争を想定した「戦時体制」となっており、その上に立つ最高指導部の政治局常務委員会は「ブレーキの壊れた機関車」となっているからです。

まず、序列1位の習近平総書記を筆頭に党のトップ7からなる政治局常務委員会ですが、序列2位の李強（りきょう）以下の常務委員がすべて習近平の自派幹部と側近たちで構成されています。これほど偏った権力の独占状態は、中国共産党史上でもめったにありません。これは最高指導部に習近平の意思決定に反対したり、過ちをチェックしたりする委員が誰もいないということです。もし習近平が戦争を決断したら、それが最高指導部の意思です。政治局常務委員会は、ひとたび暴走を始めたら誰も止められない、ブレーキの壊れた機関車となったのです。

さらに7人の常務委員を含む24人が選出された今回の政治局人事も、過去にほとんど例を見ない異常なものとなっています。たとえば、何衛東（かえいとう）という軍人が政治局委員に選出されたのですが、その昇進の仕方が尋常ではありません。

中国共産党の指導体制を簡単に説明すれば、一番上に政治局常務委員会があって、その下に政治局があり、さらにその下に中央委員会があります。そしてこの中央委員会は中央委員と中央候補委員から構成されています。このようなピラミッド構造の中で権力の階段を上って党幹部になるには、まず中央委員会の中央候補委員になり、そこから正式な中央委員に昇進します。それで二百数名の中央委員から運よく選ばれた二十数名が、政治局委員へ昇進できるのです。

ところが何衛東は、党大会の前に中央候補委員にすらなっていません。にもかかわらず彼は今回の党大会で、中央候補委員と中央委員を飛び越えて、いきなり政治局委員に昇進したのです。日本で言えば、課長クラスがいきなり部長、本部長を飛び越えて、役員になるようなものです。そのように普通ありえないし、前例も滅多にない昇進でした。

何衛東は中国人民解放軍の軍人（階級は上将）で、２０１９年から22年9月まで、解放軍東部戦区の司令官を務めていました。東部戦区は台湾海峡に臨む浙江省・福建省などを管轄する、まさに対台湾の最前線です。

ちなみに中国には東部、西部、南部、北部、中部の五大戦区があり、東部は台湾と東シナ海、西部は中央アジア、南部は東南アジアと南シナ海、北部はロシアとモンゴルの状況にそれぞれ対応し、中部は首都防衛を担います。

要するに何衛東は、共産党大会直前の9月まで、約3年間、東部戦区の司令官を務めていた対台湾軍事のエキスパートです。しかもアメリカのナンシー・ペロシ下院議長が２０２２年8月に台湾を訪問したとき、これに反発して中国は台湾周辺の海域・空域で大規模な軍事演習を実施しましたが、その現地指揮官が何衛東でした。

習近平はこの何衛東を政治局委員に異例の大抜擢するとともに、中国共産党中央軍事委員会の副主席にも抜擢しました。中央軍事委員会は軍の最高指導機関で、主席は習近平ですから、副主席は軍服組のトップということです。

斎藤　それはもう明らかに台湾シフトですね。対台湾戦争に備えて、戦時体制を整えたわけだ。

石平　だから、もうやるかどうかの問題ではありません。習近平はやる気満々です。あとは、「いつやるか」の問題です。

政治局委員にはもう１人、張又俠（ちょうゆうきょう）という軍人（階級は上将）がいます。彼は１９７９年の中越戦争、中国でいうところの「対越自衛反撃戦」で実戦を経験しています。

さらに軍人ではありませんが、軍需産業出身者も２人、政治局委員に選出されています。つまり、政治局委員24人中、２人が軍人、２人が軍需産業関係者というわけです。

斎藤　軍事の関係者が合わせて４人というのは多いのですか。

石平　多いです。４人というのは前代未聞、この数十年間はせいぜい軍服組が１人入る程度です。政治局委員に実戦経験者と対台湾軍事のエキスパートという２人の軍人、さらに軍需産業をよく知る２人を抜擢したのは、どう考えても対台湾戦争準備のための人事であって、まさに戦時体制づくりそのものです。

２０２２年11月には習近平が中央軍事委員会の統合作戦指揮センターを視察し、軍事闘争への対応能力を高めるよう指示したと報じられています。習近平はやる気ですよ。

台湾侵攻に米軍が介入すれば中国は負ける

石平　もし習近平政権が台湾侵攻を決断したとして、もちろんいろいろな要素が複雑に絡んで、予想は難しいと思いますが、斎藤さんはどういう展開になると思われますか。

斎藤　中国の台湾侵攻とロシアのウクライナ侵攻と比べた場合、地政学的な条件がまったく違います。簡単に言えばウクライナは大平原です。ロシアは平原から平原を攻めているといえます。これはある意味、簡単な部類の侵略なんだけれど、ウクライナに激しく抵抗されて苦戦しています。

かたや中国の台湾侵攻は、海を越えた攻撃となります。周囲に台湾海峡、東シナ海、南シナ海があるなかで、台湾を制圧するのは簡単なことではないと思います。制空権、制海権を確保するだけで、ものすごいエネルギーを要するでしょう。戦略・戦術的にはウクライナ侵攻はあまり参考にならないんじゃないですか。

ただ、プーチンの失敗を全部参考にできるのは、習近平の利点といえます。「こうやれば、こうなるんだ」「こういうときは、こうしてはいけないんだ」と、西側の対応も含めて、毎日克明に記録していると思います。

習近平にとって最もよくないのは、「実行力のない指導者だ」「結局、習近平は口ばっかりだ」という烙印を押されることです。そうなれば、せっかく憲法まで改正したのに、終身皇帝への道が閉ざされてしまう恐れがある。その前に死んでしまえば別だけど、まだ69歳だし、いいものを食べてるから長生きするでしょうし、やるときはやらざるをえないと思います。

トランプ政権のマイク・ペンス副大統領は、２０１８年10月４日にハドソン研究所で行なった演説の中で、中国を「比類なき監視国家（unparalleled surveillance state）」と表現しています。実際、中国では14億人の一人一人の行動を一瞬で把握できる体制を構築しているといわれています。ある特定の個人がいまどこで何をしているかといった情報が、当局に筒抜けになるということです。こうなれば戦争へのまとまった反対運動など起こりっこないでしょう。民主化運動など論外です。どえらい国ができたものです。

あと台湾内に入り込んでいるスパイに何をやらせるかという問題があります。日本にも中国のスパイがたくさん潜り込んでいますが、台湾には相当数のスパイがいるはずです。

ウクライナ侵攻にあたってロシアは、キーウなどにスパイを潜り込ませて情勢を探らせましたが、ウクライナ側もクリミアを取られた経験から欧米の支援・訓練を受けた防諜スパイを数多く張り付けて対抗しました。ウクライナがこのスパイ戦に勝ったことが、ロシアのキーウ攻略を失敗させた大きな要因でした。同じように、台湾に潜り込ませた中国のスパイは台湾侵攻と同時に親中派勢力を焚きつけ、一斉蜂起して台北などを陥落させようと狙うでしょうが、台湾の防諜部隊も欧米の情報機関の高度な支援・訓練を密かに受けていて、台湾を落とすのは、そう簡単ではないでしょう。

プーチンはキーウを取れませんでしたが、習近平が台北を取るのも、けっこう大変じゃないかと私は思っています。あと、やはりアメリカ軍が介入するのは、間違いないと思います。

石平　斎藤さん、そう思われますか。理由は何ですか。

斎藤　いま南の突端の島々にまで自衛隊の精鋭部隊を張り付けて、それにアメリカ軍を連動させようとしています。こちらが迎撃するのはもちろん大変ですが、アメリカ軍が確実に動いてくれるとなれば、中国軍の侵攻はかなり難航すると思いますよ。具体的にどの段階で米軍が入ってくるか、これはもうウルトラ秘密でわかりませんけれど。

石平　もし確実にアメリカ軍が介入してくるとなれば、中国にとっては戦争難航というよりも、もう負けてしまう可能性が非常に大きい。海でアメリカ軍と互角に渡り合えるほど中国軍は強くないです。

斎藤　アメリカの空母を総動員して、西太平洋にズラリと並べれば、これはかなりの迫力でしょうね。

米軍に介入の口実を与えず「斬首作戦」で台湾を取る

石平　中国もアメリカに勝てないことはわかっていると思います。だからアメリカ軍の介入をいかに回避するか、悪知恵を働かせています。悪知恵の一つは、米軍に介入の口実を与えないことです。戦争をやれば米軍が介入するなら、戦争をやらないで台湾を取ればいいということです。

しかし、戦争をやらないで台湾を取るとはどういうことかというと、２０２２年６月に習近平が署名した人民解放軍の「非戦争軍事行動要綱」にそのヒントがあります。「非戦争軍事行動要綱」については第４章でも触れましたが、じつは要綱の詳細は一切公表されていません。ただ、新華社や人民日報は、要綱の重要意義について次のように伝えています。

要綱の施行は「リスクと課題を効果的に予防・解決し、突発事件に対応して処置し、国民の生命財産安全を守り、国家主権、安全、発展利益を維持し、軍事力運用の形を創新し、軍隊の非戦争軍事行動にルールを課し、効果的に新時代の軍隊の使命、任務を履行さ

インタビューに応じる胡錫進・環球時報前編集長

せることに重要な意義をもつ」と。

つまり、対内的には国内の「突発事件への対処」、対外的には「国家の主権・安全・発展利益の維持」を目的とするものであるというのです。

たとえば国内で大規模な自然災害や暴動などが発生した場合、解放軍は「非戦争軍事行動」として災害救助や暴動鎮圧を行なうことになります。これは解放軍がいままで実際にやってきたことで、別に目新しいものではありません。

問題は、「国家の主権・安全・発展利益」を維持するために行なう対外的な「非戦争軍事行動」とは何かということです。

じつはこの要綱に習近平が署名する直前に人民日報傘下の環球時報前編集長の胡錫進（こしゃくしん）という人物が、SNSでかなり際どい発言をしています。胡錫進というのは共産党上層部の内部情報に通じ、ときには政権の本音を代弁することもある名物男です。

その胡錫進は、台湾との戦争について、「持久戦を避けるべく速戦即決を期しなければならない。そのためには斬首行動を断行すべきであって、台湾の頑な独立分子を１人残さず消すべきだ。これらの人々を生かしておいたら、彼らが台湾の民衆を扇動して解放軍に対する抵抗を試み、戦争を長引かせる恐れがあるからである」と述べているのです。また「最速で蔡英文総統府を制圧し、台湾全体に対して抵抗の放棄を命じることも重要」ともいっています。

要するに、台湾を併合するときにまずやるべきことは、蔡英文たち台湾の「独立分子」を全員消すこと、つまり殺すことだと公然と主張しているのです。「斬首作戦を断行せよ」と。これは胡錫進の個人的発言であり、習近平政権の正式見解ではありませんが、対外的な「非戦争軍事行動」とは何かを探るヒントにはなると思います。

習近平たちはロシアのウクライナでの苦戦を見て、プーチンの一番の失敗は、侵攻の初動段階でゼレンスキー大統領を「斬首」できなかったことだと考えているはずです。ゼレンスキー暗殺に失敗し、ウクライナ国民がゼレンスキーのもとで一致団結して抵抗しているから、ロシアは持久戦を余儀なくされ、苦戦しているのだと。

斎藤　それでロシアの情報機関が責められたんですよ。初動作戦でつまずいたのは連邦保安庁（ＦＳＢ）のせいだと責められて、職員約１５０人が解雇され、その一部は逮捕されたと報じられました。

石平　そういうロシアの失敗を教訓にして、人民解放軍は非戦争軍事行動を実行すると思います。たとえば、斎藤さんもおっしゃったように、台湾には中国のスパイがいっぱい入り込んでいます。このスパイと中国の特殊部隊の連携作戦が考えられます。

斎藤　たとえば、どういう連携ですか。

石平　台湾は民主主義国家ですからね、プーチンがどこにいるかは、簡単にはわからないけど、蔡英文さんがどこにいるか、みんなわかっています。ふだん総統府にちゃんといますからね。常に公の場に顔を出しているから、そこをやられるかもしれません。とても危険な状況です。

台湾有事は日本有事

石平　さらに、私は台湾のことはよくわからないのですが、個人的にもう一つ不安要素があります。それは台湾の国軍に対する不安です。台湾軍というのはもともと国民党軍ですから、大陸と非常に深い関係がありました。最近も台湾国防部のナンバー3が中国側のスパイと接触して機密情報を漏らしたとされる「台湾史上最大のスパイ事件」について、産経新聞の矢板明夫さんが記事を書いていました。

台湾軍の中には、思想的に中国に共鳴する人たち、要するに、本当に台湾を守る気があるのか疑わしい人たちがいます。そういうイデオロギー的な問題が、台湾軍にはあるんです。多くの国民党の人からすれば、中国こそ祖国ですから。

斎藤　もともと中国を追われて、台湾に逃げてきた人たちですからね。

石平　そこが台湾の弱みです。習近平たちはアメリカ軍に介入の隙と口実を与えずに、特殊部隊を潜入させて斬首作戦を実行するかもしれません。台湾はこれから、そういうことにも警戒しなければならないのです。

斎藤　それがウクライナの教訓の一つではないかと、私は睨んでるんですよ。だから、台湾に潜んでいるスパイに、中国の情報機関はいま気合を入れてると思いますよ。習近平もスパイのお尻をひっぱたいてますよ。「ウクライナを見たか。ロシアの情報機関はゼレンスキーを消せなかったじゃないか。お前ら、失敗は許されないぞ」とね。

ＫＧＢの伝統を継いだロシアの情報機関が、いまだにゼレンスキーを殺せていませんが、諦めたわけではないと思います。いまだってチャンスがあればやりますよ。国際的な非難を浴びるでしょうが、ロシアにとってそんなことはどうでもいいんです。

プーチンは領土さえ取れれば、人が何人死のうが、ゼレンスキーが死のうが、そんなのはどうでもいいんです。プーチンの頭の中には、領土を奪って、皇帝になることしかありません。いまだにそうです。独裁者というのは変わらないんです。途中で、「これはダメかな。ヤバそうだから、やめようかな」なんてことは考えません。独裁者というのは最後までやるんですよ。勝つか、負けるか、死ぬまでやるんです。多分、プーチンが死ななければ、この戦争は終わらないですよ。

石平 プーチンがこの戦争を始めた結果、戦争自体がどう終結するかは別として、プーチンが転落していくことはもう目に見えています。習近平も、もし台湾に手を出して失敗に終わったら、習近平政権が崩壊するだけではなく、共産党政権そのものが潰れてしまう可能性もないわけではありません。

だからといって、彼らが台湾併合をやめることは絶対にありません。それが、われわれにとっての災いですが、彼らの運命(さだめ)でもあって、結局やってしまうのです。それで最後は、台湾人がどこまで抵抗するか、日米がどこまで支援するか――それによって、われわれの未来は変わってきます。もし台湾人がちゃんと抵抗できず、われわれ日米同盟が台湾を守ることをせずして、中国に屈してしまったら、もう日本の未来も奪われてしまいます。

斎藤 台湾を取られるということは、尖閣を取られ、沖縄も危ないということです。沖縄には独立論が依然として強いんですよ。沖縄に中国のその筋の連中が入ってきて、独立運動をけしかけています。沖縄が独立して日本から分離すると、今度は九州が危ない。九州の南に連なっている一連の島々の土地が、いま中国人に買われているらしいですよ。北海道も買われています。問題は別ですが、対馬は韓国に買われている。

日本がもう中国にむしばまれているのは間違いありません。だから、中国が台湾を取るとき、または取ったときに、日本にいる中国の情報機関がどんな動きをするか、予測は困難です。日本の歴史上、かつてないことだからです。しかし、中国はやるかもしれません。そのとき何が起きるかわからないですよ。

石平　在日中国人も、理論的に国防動員法の対象になります。有事の際には民間の在日中国人が中国軍に動員され、破壊活動などに関与する可能性があるわけです。

斎藤　そうです。もし日本にいる中国人が中国軍に動員されて、日本と闘わなければいけない、日本に攻撃を仕掛けなければいけない、そういうミッションを負ったときに、われわれ日本人はどうすればいいのでしょうか。われわれは何も武装してないんですよ。ペンがあるだけです。そのとき日本人の国民意識はもつのでしょうか。

だから、台湾有事は日本有事だということを、いまから頭に叩き込んでおかなければダメなんです。

習近平を待つ二つのシナリオ

斎藤　２０２２年9月末、プーチンはウクライナの東部・南部の４州をロシアに併合すると一方的に宣言しましたが、その後、ウクライナ軍は反転攻勢を強めており、ロシア側は苦戦を強いられています。

この反撃をやはり中国は注目していると思います。アメリカはウクライナ支援にどこまで踏み込むのか、どういう武器を提供するのか——アメリカの支援の実態が、これから見えてくるからです。

たとえば、アメリカはいままで射程20キロの１５５ミリ榴弾砲を提供していたけれど、新たに射程80キロの高機動ロケット砲システム「ハイマース」の提供も決定し、夏頃から実戦で使われ始めています。ハイマースはウクライナが反攻に転じるゲームチェンジャーになったとされている最新兵器です。このようなアメリカの支援が戦況にどのような影響を及ぼすのか、中国は注視しているはずです。

そして11月9日、ロシア軍は一方的に併合した4州のうち南部・ヘルソン州の州都ヘルソン市を含むドニエプル川西岸からの撤退を表明し、2日後の11日、ウクライナのゼレンスキー大統領はヘルソン市の「奪還」を宣言して「歴史的な日だ」と戦果を強調しました。

ヘルソン州はクリミア半島の水源であり、ヘルソン市はロシアが2月の侵攻開始後、制圧した唯一の州都です。この重要拠点を併合からわずか1カ月余で失うことは、プーチン政権にとって大きな政治的打撃となるのは確実です。しかも、20年7月施行の新憲法で「領土の割譲禁止」を謳ってしまっただけに、プーチン大統領は自業自得といったところでしょう。

ヘルソン州に続いて、もし、4州すべてからロシア軍が全部追い出されたら、どう言い繕おうと、ロシアの敗北です。

プーチンといえども軍や国民から攻撃されるでしょう。「自分の息子たちを、何の意味もなく、虫けらのように殺しやがって、この野郎」と。そういう事態を避けるためにも、絶対に戦争をやめないですよ、勝つまでは。

こうして、ウクライナの東部や南部で、だらだらと戦いが続き、膠着状態になる可能性が高いと思われます。それは西側にとっても困った状況です。戦争への無関心が広まるなか、支援にも限界があるからです。

そのような状況下の2022年11月8日、アメリカで中間選挙が実施されました。当初、共和党の圧勝が予想されていましたが、フタを開けてみれば共和党は失速して、下院ではなんとか多数派を奪還したものの、上院では与党の民主党が主導権を維持することになりました。

共和党は財政規律を重視しますし、党内でいまも影響力を持つトランプはプーチンに宥和的です。その共和党がこの中間選挙で大勝し、上下両院で主導権を握っていれば、あるいはアメリカのウクライナ支援に影響を与えたかもしれませんが、これで支援を削減あるいは停止するのは当面、難しくなったと思います。つまり、現状のウクライナ支援が続くということです。

それに、もしNATOの中核であるアメリカがウクライナ支援から離脱すれば、NATOがバラバラになってしまいます。バイデン大統領がそれを座視するとは思えません。

石平 一般論をいうなら、アメリカは民主主義の国ですから、選挙の結果が外交政策に影響を与えることは当然、ありえます。ただ、私の関心事である対中政策という点でいえば、いまは民主党と共和党に大きな違いはありません。

2022年10月にバイデン政権が発表した「国家安全保障戦略」では、中国を「国際秩序を変える意図と能力を持つ唯一の競争相手」と位置づけ、軍事や外交、経済などでの対抗を最優先に据えています。この対中政策に関しては、民主党と共和党のあいだに大きな違いはないと思います。

民主党であろうが共和党であろうが党派を問わず、中国をアメリカの譲れない価値観に正面から挑戦している「最大の敵」と認識しているのは間違いありません。この認識が揺らぐことはないだろうと私は信じています。

アメリカがもし台湾を見捨てて、中国の台湾併合を許してしまえば、アメリカは、アジア太平洋のすべてを失い、大国の地位も失います。アメリカがそのような愚かな選択をするとは思えません。

斎藤　アメリカが中国の暴走を許せば、もう中国が世界の盟主ですよ。

石平　さらに、台湾問題のもう一つの要素が、台湾の半導体企業「ＴＳＭＣ」の存在です。いまやアメリカの国防は、ＴＳＭＣの高精密の最先端半導体に依存しています。戦闘機もミサイルもドローンも、あらゆる兵器が半導体なくしては機能しません。

アメリカがＴＳＭＣの最先端の半導体工場を誘致し、日本も熊本にかなり旧世代の半導体ですが製造工場を誘致しました。しかしＴＳＭＣの心臓部はあくまで台湾にあります。それを中国に奪われれば、アメリカの軍事的優位も失われます。完全に中国に負けてしまう。ＴＳＭＣを中国に奪われることは、台湾だけの問題ではなく、アメリカにとっても死活問題なのです。だから、ＴＳＭＣを守るためにも、アメリカはおそらく本気で台湾を守ると思います。

それでも習近平は台湾を併合しようとするでしょう。やらなければ、共産党に見捨てられて、自分の地位が続かないからです。結局、習近平は台湾に手を出さざるをえません。それでは台湾有事はもう避けられないのではないかという話になりますが、そこで考えられるのは台湾の未来に関する二通りのシナリオです。

第一のシナリオは、自分たちの海外資産の凍結を恐れる中国共産党の幹部が、自分たちの財産を守るために、内部から習近平政権を崩壊させる、あるいは習近平を消す、あるいは習近平の足を引っ張る、あるいは習近平の台湾併合を食い止める、というものです。彼らにとって何よりも大事なのは、自分たちの財産であって、祖国統一などどうでもいいからです。

斎藤 プーチンのシナリオもまったく同じですよ。西側のロシア経済制裁でプーチンに利権を分け与えられた海外在住のオリガルヒ（新興財閥）が資産を凍結されたりして動転し、「戦争反対」を訴える者も出ています。侵略開始後、こうしたオリガルヒの一家心中も含めて「不審死」が相次いでいるのは、プーチンにクレームをつけて消された可能性もある。巨大な利権集団内部に亀裂が入っているのは疑いない。また、「特別軍事作戦」がのっけからキーウ陥落に失敗するなどプーチンの狙い通りにいかなくて軍や情報機関の幹部が叱責され、左遷も相次いでいます。こちらも内部分裂の兆候がある。つまり、プーチン政権中枢の特権階級の各方面で対立が起きていると思われます。こうした不穏な情勢の中からプーチン排除の動きが出てきても何の不思議もありません。

1991年8月に特権喪失を恐れたソ連共産党守旧派（左翼強硬派）が大統領のゴルバチョフを一時的に失脚させるクーデターを起こしたことと同じようなものです。

独裁政権はみんなそうです。ソ連共産党の独裁政権もプーチンの独裁政権もそうです。自分たち特権階級のためにある政権だった。自分たちさえよければいい、自分たちさえ生き残ればいいという政権です。

石平 第二のシナリオは、習近平が台湾併合を強行するケースです。結果は、アメリカが介入し、台湾も必死に抵抗して併合は失敗、習近平は失脚し、台湾は独立を果たします。これで習近平はプーチンと同じ道を辿るのです。

台湾の独立派と言われる人たちも、中国が併合に動き出すまでは台湾独立を宣言することはありません。侵攻の口実を与えないためです。しかし、中国が侵攻を開始すれば、その瞬間、独立を宣言するでしょう。もはや自重する理由はないからです。中国が戦争を始めたことが、台湾を名実ともに独立させることになるわけです。

斎藤 先ほど石平さんは、もし台湾に手を出して失敗したら、習近平政権が潰れるだけではなく、共産党政権そのものまで崩壊するかもしれないと言われましたが、私もそう思います。国がでかいだけに、崩壊するときは速いでしょうね。おそらく一気に崩壊します。習近平は香港の一国二制度を廃止して、大陸化してしまいましたが、あれは逆に体制を弱体化することになったと思いますよ。

石平　無理やりに一つにまとめると、バラバラになるのも速いでしょうね。

斎藤　ぎゅーっと無理やり枠にはめていたから、タガが外れたらコロっと倒れてしまう。ソ連がそうでした。

石平　そうなると、ウイグル人もチベット人も解放される。

斎藤「この野郎！」って、中国本体に向かっていったら怖いですよ。プーチンに虐げられたやつらが向かっていくのとまったく同じ。

1991年8月のクーデターの際、ロシア大統領だったエリツィンの戦車上からの呼びかけもあってモスクワでソ連軍の戦車部隊が民衆側に寝返ったときの熱気は、私もKGB広場の現場にいましたが、凄まじいものがありました。プーチンの支持率は依然70％以上で高い状態が続いていますが、多くの潜在的な反体制勢力が息をひそめているのも事実です。ゴルバチョフ時代の89年まで10年間も続いたアフガニスタン戦争は最後の数年間、全国に厭戦気運が広がってクレムリンへの抗議も吹き出し、ソ連崩壊への大きな要因ともなりました。

ウクライナ侵略で数万人ものロシア兵が戦死し、ウクライナ軍の執拗な反転攻勢も浴びている等の真相がロシア国内に広く知れ渡れば、どんな想定外の民衆の反乱や騒乱が起きるか、わかりません。プーチンが9月下旬に予備役招集を公表し、ウクライナ4州併合宣言をすると、抗議と反戦のデモ・集会が広がりました。ロシア国内にはチェチェン以外にも独立心の強いイスラム共和国があってロシア離脱のマグマはたまっている。これはソ連時代からクレムリンを悩ませてきた問題で、プーチンが最も恐れる「ロシア崩壊」も起きる可能性だってありうると私は思っています。

石平　いま紹介したのは、ただの期待ではありません。現実性のあるシナリオはこの二つです。

最善の結末は〝塀の中の終身皇帝〟？

石平　プーチンと習近平のもう一つの末路について、冗談半分で予想してみましょう。ロシアでクーデターが起こり、権力の座を追われたプーチンは国外に逃亡します。そんな彼を習近平が受け入れ、プーチンは北京で美味いシュウマイなんかを食べながら亡命生活を送っていました。ところが突然、北京でもクーデターが起こり、失脚した習近平は「秦城監獄」に収監されます。

秦城監獄というのは、中国共産党の高級幹部だけを収監する施設です。個室はエアコンも利いていて快適で、テレビも見られます。専属のコックさんが毎日、美味しい食事をつくってくれます。まるで高級ホテルです。

習近平は亡命中のプーチンに声をかけます。「秦城に来ないかい。暗殺の心配もないし、いいところだぞ」と。こうして習近平とプーチンは、仲良く秦城で余生を送りました――というシナリオはどうですか。

斎藤 世界にとっても、本人たちにとっても、一番平和な結末じゃないですか。戦争や変な権力闘争をやっているより、高級ホテルのような監獄で悠々自適の老後を送るほうが彼らも幸せでしょう。それにしても特権階級は塀の中でも特権を享受できるんですね。

石平 秦城監獄というのは中国共産党政治局委員以上しか入れません。特権階級の中でも入れるのは一握りです。いまは周永康も入っています。

斎藤 周永康ですか。彼、チャイナ7の1人じゃなかったですか。

石平 そうそう。周永康は政治局常務委員でしたから、全共産党員の中のトップ7の1人ということです。収賄罪などで無期懲役の判決を受け、いまも秦城に収監中です。待遇は

秦城監獄と、その前で撮影を止めようとする女性警察官

悪くないと思いますよ。

　習近平とプーチンが仲良く一緒に秦城に入るというのは、2人にとって一番いい結末ですよ。クーデターで殺されたり、毒を盛られたりするより、よほどいい。

斎藤　ただ、ロシアと中国人はほんと仲が悪いから、喧嘩になるかもしれない。

石平　俺の部屋がなんでお前より小さいんだ、とか（笑）。秦城の中でプーチン派と習近平派ができて、派閥抗争が始まるかもしれない。

斎藤　お互いにメンツとプライドがあるから、最後はプーチンと習近平のプライドの争いになる……。話があらぬところに行っちゃいました。

西側の健忘症が独裁者の国家犯罪を招く

斎藤　忘れてならないのは、この2人はいまも力による現状変更をためらわない危険な独裁者であり続けているということです。日本は悪の枢軸と最前線で対峙していることを肝に銘じておかなければなりません。そのためにも、今回のプーチンの戦争というのは、われわれが絶対に忘れてはいけない戦争なんです。

健忘症こそが西側の弱点です。たとえば、1983年9月1日に「大韓航空機撃墜事件」が起こりました。オホーツク海のソ連領空内に迷い込んだ大韓航空機をソ連防空軍の迎撃戦闘機が撃墜し、日本人28人を含む乗員乗客269人の命が奪われた事件です。丸腰の旅客機にミサイル2発を撃ち込んで、今回のウクライナ侵略と同じく、何の罪もない多くの民間人を殺した、とんでもない事件です。私が外信部に行った頃の事件なのでよく覚えています。

当時のソ連の書記長はKGBの議長から国のトップになったアンドロポフでした。先述のように、後輩のプーチンが尊敬してやまないKGB中興の祖です。西側の囂々(ごうごう)たる非難の中、アンドロポフは、「事件は米国の特務機関が南朝鮮を使って企んだ巧みな挑発で、その責任は米国にある」という声明を発表しました。

さらに西側陣営を憤慨させたのは、ソ連のグロムイコ外相が事件の1週間後、スペインでの会議で発した「世界はこんな事件などすぐ忘れるだろう」という暴言です。

グロムイコというのは28年間にわたって外務大臣を務め、国連で「ニエット（英語の『ノー』）」を連発したことから「ミスター・ニエット」として知られた人物です。その意味では、拒否権を連発する現在のロシアの国連大使とよく似ています。

「大韓航空機はスパイ機だった」というソ連の主張は、日米が公表したソ連戦闘機と地上の交信記録によって大嘘だと暴かれましたが、ソ連は北方領土の軍事力を増強し、「今後も領空侵犯があれば、再び撃墜する」と強硬姿勢を貫いて、犠牲者への謝罪や補償も一切行なっていません。

このように世界中を激怒させた大事件ですが、グロムイコの「こんな事件などすぐ忘れる」という発言は、西側諸国については残念ながら間違っていません。プーチンはこれからも独裁者を続けるつもりでいるのでしょうが、西側の指導者は選挙の洗礼を受けざるをえず、政権交代もしばしば起こります。指導者が代わり、政策が変わり、国民の関心が変われば、かつての大事件もやがて忘れられていくのが世の常です。

ちなみに独裁者というのは執念深いですよ。恨みを簡単に忘れたりしません。スターリンは、路線対立から自分と袂を分かって亡命したトロツキーに刺客を放ち、出国から11年後の1940年にメキシコで暗殺しています。ピッケルで頭を砕いてトロツキーを殺した暗殺者は、メキシコで刑に服したあとソ連に帰国、英雄としてレーニン勲章を授与されています。

それに対して、西側の指導者たちは、グロムイコの言うように、すぐ忘れがちです。ロシアによるクリミア半島併合に対しても、国際的な抗議はいつの間にか沈静化し、既成事実化が進んでしまいました。独裁政権の国家犯罪に対する、このような西側諸国の〝健忘症〟が、独裁者たちを増長させてきたのは事実です。その結果が、今回のプーチンによるウクライナ侵攻でした。

プーチンは、西側がこの侵略戦争も「すぐに忘れる」ことを期待しているのかもしれません。独裁体制というのは西側の弱さをよく知っています。実際、日本では「ウクライナ疲れ」とか「ゼレンスキー疲れ」とか「支援疲れ」とかいった言葉を見かけるようになってきました。国民もこの話題に食傷気味なのかもしれません。

私はこのウクライナ戦争が再び忘れられることを恐れています。西側の健忘症でつけ上がった独裁者たちが、再び侵略を繰り返すことを恐れています。新たな侵略の矛先が日本でない保証はありません。だから私は産経新聞の若い記者に、「とにかく書き続けろ。日本人の決意を示せ」と言っています。

石平　斎藤さんがご指摘の西側の健忘症は、まったくそのとおりです。ロシアだけでなく中国に対してもそうでした。たとえば1989年6月、中国共産党政権は戦車部隊まで派遣して、北京市内と天安門周辺で若者たちが展開していた民主化運動を鎮圧、多くの人々を殺しました。この天安門事件に対して、西側は事件の直後に中国共産党政権の無道を厳しく批判し、対中国経済制裁を発動しました。

しかし、それからわずか2年後に日本が率先して対中制裁を解除してから、西側諸国は続々と制裁を解除し、中国との関係改善を図りました。そしていつの間にか、西側諸国は天安門事件を完全に忘れてしまったかのように中共政権と仲直りして、中国国内の人権抑圧をいっさい不問に付してしまいました。

これで西側諸国の弱点を見抜いた中共政権は、より一層増長しました。それから数十年間、中共政権は国内で何の遠慮もなく人権抑圧を行なう一方、軍事力を増強させて世界支配の覇権主義戦略の展開に一路邁進してきました。

そして気がついたらこの中国は、プーチンのロシアと並んでわれわれ自由世界にとっての最大の敵となっていたのです。持ち前の健忘症で中共政権を増長させてきたこれまでの痛恨の歴史を、われわれはいまこそ深く反省すべきではないのでしょうか。

あとがき

この度、産経新聞社の斎藤勉論説委員と私、石平との対談本が上梓の運びとなった。

斎藤さんは産経新聞社でモスクワ支局長、ワシントン支局長、本社外信部長、編集局長等を歴任された百戦錬磨のベテラン記者である。通算約8年半にわたってモスクワに駐在し、ソ連の内実を伝える一連の報道やソ連邦崩壊に関するスクープが高く評されて、ボーン・上田記念国際記者賞や日本新聞協会賞を受賞されている。

当時の斎藤さんは、「ソ連・ロシア報道といえば斎藤勉」と評される名記者であったが、もちろんいまでも、ロシア情勢や世界情勢を見るその慧眼はまったく衰えていない。

2022年5月、斎藤さんはロシア政府から入国禁止の措置を取られた。ロシアからそれほど嫌われている（あるいは怖がられている）ことは、まさにジャーナリストにとっての「勲章」といえる。斎藤さんは図らずももう一度、素晴らしい「記者賞」を受賞されたのだ。

本書で斎藤さんは私を相手に、ソ連時代の数々の際どい取材体験やロシアでの実際の見聞を交えて、ロシアという国、プーチンという人物に対する深い洞察を惜しむことなく披露して下さった。また、ウクライナ戦争の今後や、ロシアとプーチン政権の将来についても、さまざまな興味深い考察を語って下さった。

一方の私は、中国の習近平政権の危うい体質と今後の危険性について思う存分語ったあと、斎藤さんと二人で、いまや世界にとって災いの元となったロシアと中国を俎上にあげ、二つの「悪の帝国」の特質と両者の異同について、掘り下げて徹底的な討論を行なった。

さらに、中ロ両国が「悪の枢軸」を形成してインド太平洋地域、とりわけ台湾海峡や日本周辺の平和と秩序を脅かす危険性についても真剣に話し合った。もちろん、「この戦後最大の危機に日本はどう対処すべきか」という問題についての意見交換も行なわれた。

このようにして出来上がったのが、すなわち皆様の手元にあるこの対談本である。対談者の一人として私は、この一冊が今後のロシア及び中国情勢と「悪の枢軸」の動向に対する皆様のご理解を深めるための一助となることを確信し、それを約束しておきたい。私自身も実際、この対談を通して多くのことを学び、さまざまな啓発を受けた次第である。

最後に、本書の対談に快く応じて下さった斎藤勉論説委員と、本書の企画・編集にご尽力下さったＰＨＰ研究所の皆様に心からの謝意を表したい。そして、本書を手に取って下さった読者の皆様に、ただひたすら頭を下げて御礼を申し上げたい。

令和4年11月吉日
奈良市西大寺周辺・独楽庵にて

石平

写真提供

p.22　hemis.fr/時事通信フォト

p.24　SPUTNIK/時事通信フォト

p.28　EPA＝時事

p.37　SPUTNIK/時事通信フォト

p.45　AFP＝時事 "AFP PHOTO/Moscow City Court press service"

p.46　AFP＝時事 "AFP PHOTO/Alexey Navalny Youtube Channel"

p.57　sinopictures/Fotoe/ullstein bild/時事通信フォト

p.87　https://commons.wikimedia.org/wiki/File:1967-04 1967年大字报.jpg

p.91　AFP＝時事

p.121　時事

p.129　AFP＝時事

p.138　AFP＝時事

p.157　AFP＝時事

p.160　時事通信フォト

p.161　AFP＝時事

p.162　CTK/時事通信フォト

p.168　Avalon/時事通信フォト

p.246　時事

p.261　AFP＝時事

編集協力――篠崎哲哉

装　　丁――山之口正和（OKIKATA）

写真撮影――吉田和本

地図作成――株式会社ウエイド

〈著者略歴〉

斎藤 勉（さいとう・つとむ）

産経新聞論説委員。1949年、埼玉県生まれ。東京外国語大学ロシア語科卒業。産経新聞社に入社後、水戸支局、社会部、外信部を経てテヘラン特派員、モスクワ支局長、ワシントン支局長、外信部長、正論調査室長などを歴任。常務取締役東京編集局長、取締役副社長大阪代表、論説顧問等を経て、2022年から現職。ソ連とロシアに特派員として通算約8年半在住し、一連のソ連・東欧報道でボーン・上田記念国際記者賞（89年）、「ソ連、共産党独裁を放棄へ」のスクープで日本新聞協会賞（90年）を受賞。著書に『スターリン秘録』（扶桑社文庫）、『日露外交』（角川書店）などがある。

石 平（せき・へい）

評論家。1962年、中国四川省成都生まれ。北京大学哲学部卒業。四川大学哲学部講師を経て、88年に来日。95年、神戸大学大学院文化学研究科博士課程修了。民間研究機関に勤務ののち、評論活動へ。2007年、日本に帰化する。『なぜ中国から離れると日本はうまくいくのか』（PHP新書）で、第23回山本七平賞受賞。『そして中国は戦争と動乱の時代に突入する』『バブル崩壊前夜を迎えた中国の奈落』（以上、ビジネス社）、『中国vs.世界 最終戦争論』（清談社Publico）、『中国共産党 暗黒の百年史』（飛鳥新社）など著書多数。

「悪の枢軸」ロシア・中国の正体
独裁者プーチンと習近平は何を考えているのか

2023年1月10日　第1版第1刷発行

著　　者　斎藤勉
　　　　　石平
発 行 者　永田貴之
発 行 所　株式会社ＰＨＰ研究所
東京本部　〒135-8137　江東区豊洲5-6-52
ビジネス・教養出版部　☎03-3520-9615（編集）
普及部　☎03-3520-9630（販売）
京都本部　〒601-8411　京都市南区西九条北ノ内町11
PHP INTERFACE　https://www.php.co.jp/

組　　版　有限会社メディアネット
印 刷 所　株式会社精興社
製 本 所　東京美術紙工協業組合

 ISBN978-4-569-85383-3